이렇게 말하면 행운이 올 거야

반짝이는 시기를 지나는 10대를 위한 긍정의 말 습관

이렇게 말하면 행운이 올 거야

김범준 · 김수민 지음

클랩북스

너의 말이
너의 세상을
바꿀 거야

하루를 시작하며 건네는 한마디가 실은 그날의 색깔을 결정하는 마법의 주문이라는 것, 알고 계신가요? 오늘 아침, 거울에 비친 얼굴을 보면서 무슨 말을 했는지 떠올려봅시다. "아, 오늘도 피곤해"였을까요? 아니면 "좋아, 오늘도 파이팅!"이었을까요?

"너는 충분히 할 수 있어."
"어려운 일은 함께하자."
"네가 정말 자랑스러워."

긍정의 말 한마디는 일상을 바꾸고 더 나아가 한 사람의 삶까지 바꿉니다. 말에는 지루하고 답답한 현재의 시간을 뛰어넘어 먼 미래까지 바꾸는 힘이 있습니다. 운명을 바꾸는 힘이 말에 숨어 있는 것입니다. 그래서 말은 곧 행운을 부르는 기회입니다.

우리가 많이 사용하는 아이폰을 만든 스티브 잡스는 스탠포드 대학교의 졸업식에서 이런 말을 남겼습니다.

"Stay hungry, stay foolish(배고픔을, 어리석음을 유지하세요)."

지금에 안주하지 말고 끊임없이 배우고, 때론 바보처럼 보일지라도 창의적인 자세로 도전하며 살라는 뜻입니다. 이 말은 지금까지도 전 세계 청년들의 인생을 바꾼 좌우명으로 알려져 있습니다.

마틴 루터 킹은 흑인과 백인이 평등하게 살아가는 세상을 꿈꾸며 "I Have a Dream(나는 꿈이 있어요)"이라는 연설을 한 것으로 유명합니다. 그의 말은 한 민족의 꿈을 현실로 만들어 주었습니다.

역사를 바꾼 말들만 특별한 것은 아닙니다. 일상에서 주고받는 말에도 소중한 우리의 하루를, 나아가 인생을 바꾸는 힘이 있습니다. 어려운 수학 문제로 고민하던 중 친구가 건넨 "같이 풀어 보자"라는 말, 실수한 스스로에게 실망하던 중 선생님이 건넨 "실수는 성장의 씨앗이야"라는 말에는 하는 사람도 듣는 사람도 더 나은 사람으로 만들어 주는 힘이 깃들어 있습니다.

행운이란 무엇일까요? 많은 사람이 행운을 우연히 찾아오는 것으로 생각하지만 사실 행운은 만들어 가는 것에 가까워요. 어떻게 만드는지는 간단합니다. 바로 말에서 모든 게 시작되거든요.

좋은 말은 좋은 사람을 끌어들입니다. 긍정적인 표현은 긍정적인 결과를 부르고 적극적인 표현은 새로운 기회를 창조해 냅니다. 배려 깊은 소통은 상대방과 깊은 신뢰를 쌓습니다. 이것이 바로 말이 부르는 크나큰 행운입니다.

살다 보면 내 맘처럼 되지 않는 일들이 있습니다. 뭔가 일이 잘 풀리지 않고, 친구들과 자꾸 멀어지는 것 같고,

엄마 아빠와 자꾸 부딪히게 됩니다. 이때 내가 평소에 어떤 말투를 가지고 있는지 되돌아보면 의외로 쉽게 해답을 찾을 수 있습니다.

"넌 이해 못 해"라는 차가운 말 대신 "네 생각이 궁금해"라는 따뜻한 말.
"별것 아니네"라는 무시의 말 대신 "정말 힘들겠다"라는 공감의 말.
"너 때문이야"라는 비난의 말 대신 "함께 해결하자"라는 포용의 말.
이런 말 속에는 확실한 행운의 씨앗이 숨어 있답니다. 그러니 오늘부터 행운을 부르는 말을 연습해 보기를 권합니다.

이 책은 총 다섯 개의 장으로 구성되어 있습니다.

1장 '시작되는 말'에서는 기분 좋은 첫 만남을 만드는 대화의 기술을 알려드립니다.

2장 '호감 가는 말'에서는 내일도 만나고 싶은 사람이 되는 비결을 배울 수 있습니다.

　3장 '성장하는 말'은 관계뿐 아니라 삶의 지평을 확장하는 대화의 예술을 탐험하게 됩니다.

　4장 '긍정적인 말'에서는 나의 일상을 더 풍요롭게 만드는 행운의 비밀을 알아봅니다.

　5장 '진심 어린 말'에서는 대화로 만드는 아름다운 인연의 비밀을 발견하게 될 것입니다.

　각 장에는 자연과 일상에서 영감을 얻은 다양한 행운의 상징물을 소개합니다. 네잎클로버, 오팔, 일출, 노을, 무지개와 같은 아름답고 신비로운 자연물로부터 소통의 지혜를 배우게 될 것입니다.

　이 책은 아빠와 딸이 함께 쓴 특별한 이야기입니다. 각각의 주제마다 등장하는 딸 수민의 솔직한 이야기는 여러분이 겪는 일상과 크게 다르지 않은 경험인 만큼 행운의 말과 가까워지는 데 도움이 되리라 생각합니다. 실수했던 순간들, 후회했던 말을 지나 조금씩 성장해 가는 과정들은 여러분의 오늘을 어루만지고 공감과 용기를 선사할 것입니다.

혹시 '말주변이 없어서' 걱정하고 있다면 안심해도 좋습니다. 화려한 말솜씨는 중요하지 않으니까요. 진심을 전하는 따뜻한 마음과 상대를 존중하는 태도, 그리고 약간의 연습만 있다면 행운의 말투는 저절로 따라올 것입니다.

이 책을 통해 말이 여러분의 인생에 행운을 가져다주기를, 그리고 그 행운이 주변에 있는 소중한 사람들에게 널리 퍼져 나가기를 바랍니다. 우리가 뱉은 말이 세상을 바꾸는 큰 변화의 씨앗이 되었으면 좋겠습니다.

자, 이제 책장을 넘겨 첫 번째 행운의 씨앗부터 함께 심어 볼까요?

행운이 가득한 대화가
여러분에게 함께하기를 기대하며,
김범준 드림

P.S. 장이 끝날 때마다 여러분의 말을 되돌아볼 수 있는 '말투 연습장'을 넣어 두었습니다. 하고 나서 후회했던 말을 새롭게 바꿔 보고 여러분이 발견한 행운의 말들을 기록해 나간다면 놀라운 변화를 경험하게 될 것입니다. 일상의 작은 실천들이 모여 더 나은 내일을 만듭니다.

1장

기분 좋은
첫 만남이 될 거야

: 시작되는 말

2장
내일도 만나고 싶은
사람이 될 거야

: 호감 가는 말

3장
우리의 세계는
점점 더 넓어질 거야

: 성장하는 말

4장

이렇게 말하면

행운이 올 거야

: 긍정적인 말

5장
좋은 인연을
만나게 될 거야

: 진심 어린 말

기분 좋은
첫 만남이 될 거야

시작되는 말

떠오르는 태양처럼
첫 만남을 밝혀 주는 말

행운의 상징 1.
일출

어둠을 밝히는 시작의 순간

"가능성을 여는 용기"

새 학기의 첫날, 전학 첫날의 긴장감을 기억하나요? 교실 문을 열고 들어서는 순간, 낯선 시선들이 모두 나를 향합니다. 가슴이 쿵쾅거리고 손바닥에 땀이 납니다. 그때 누군가 이런 말을 건넵니다.

"안녕. 같이 앉을래?"

낯선 환경에서 받는 친근한 인사는 마치 어둠을 가르는 한 줄기의 빛 같습니다. 만약 전학을 간 학교에서 아무도 말을 걸지 않는다고 상상해 봅시다. 과연 그곳에서 잘 적응할 수 있을까요?

매일 아침 동쪽 하늘에서 태양이 떠오르듯, 새로운 만남의 순간에는 언제나 인사가 있습니다. 고대 이집트인들은 태양신 라(Ra)를 가장 강력한 신으로 숭배했습니다.

매일 아침 떠올라 대지에 생명력의 빛을 드리우는 태양처럼 인사는 새로운 관계에 생명을 불어넣어 줍니다.

동서양을 막론하고 가장 위대한 교육자로 꼽히는 공자는 말했습니다.

"그 사람의 말을 들어 보고 그 행동을 살펴보면 그 사람됨을 알 수 있다."

세상의 수많은 대화법 전문가 역시 공통적으로 하는 말이 있습니다.

"첫인상의 90퍼센트는 처음 30초 동안의 대화에서 결정된다."

첫 만남에서 건네는 말은 특히 중요합니다. 나를 드러내는 동시에 어색한 공기를 깨고 상대방의 마음을 환하게 비춰 주기 때문이죠.

물론 첫 인사를 건네는 일에는 용기가 필요합니다. 예를 들어 학기 첫날, 누군가 자기소개 시간에 "안녕, 난 유머 있는 애야!"라고 말합니다. 아마도 어색함을 깨 보겠다고 던진 말이었겠지만 교실에는 정적만이 흐릅니다. 마음속으로 '쟤는 뭔가 이상하다', '나랑은 안 맞을 것 같다'는 생각이 들 수도 있습니다.

그렇지만 용기를 낸 친구에게 격려의 박수와 칭찬을 보내 주면 좋겠습니다. 먼저 인사를 건네 보세요. 어색함이 흐르는 공간에서 누군가 밝은 인사의 말을 건넬 때, 마치 태양이 떠오르는 순간처럼 주변이 환해질 것입니다.

첫 인사의 중요성은 말로 다 설명할 수 없습니다. 낯선 환경에서는 누구나 실수하지는 않을까, 거절당하지는 않을까, 괜한 인사로 분위기가 어색해지지는 않을까 걱정스럽죠. 하지만 그 불안함을 이겨 내고 용기를 낼 때 비로소 새로운 인연이 시작됩니다. 인간관계도, 꿈도, 여러분이 원하는 모든 일에 있어 용기는 반드시 필요하다는 사실을 잊지 마세요.

○

어둠을 밝히는 아침 해처럼

나의 용기는 또 다른 이의 용기가 됩니다.

내가 보낸 빛은 돌고 돌아 다시 나에게 돌아올 것입니다.

오늘, 어떤 일출의 언어를 선물하시겠어요?

○ 수민's 코멘트

친구의 권유로 축구 동아리에 가입했다. 학기 중간에 가입한 것이라서 뭔가 어색했다. 첫날이 가장 그랬다. 점심시간에 처음 운동장에서 만나게 됐을 땐 입술이 바짝 말라 갔다. 어떻게 인사를 해야 할지가 가장 큰 문제였다. 사실 친구 옆에서 조용히 있으려고 했다. 하지만 생각을 고쳐먹고 그냥 먼저 인사하기로 했다. "안녕하세요! 2학년 김수민입니다. 오늘 처음 왔는데 도와주세요. 수비면 수비, 공격이면 공격, 포지션 주시면 최선을 다할게요."

나의 말에 선배와 동료, 후배 모두 밝게 웃으면서 박수를 쳐 줬다. 다행이었다. 그리고 깨달았다. 첫마디를 건넬 용기가 없다면 그냥 운동장 구석에서 외로운 시간을 보냈을 수도 있었겠다고.

일곱 빛깔 무지개처럼
함께 공존하는 말

행운의 상징 2.
무지개

비온 뒤 태양 반대쪽에서 나타나는
일곱 빛깔의 줄

"존중하는 태도와 열린 마음"

아메리카 원주민들은 무지개를 신이 보내는 메시지로 여겼습니다. 하늘과 땅을 잇는 신들의 다리이자 더 나은 세상, 희망의 상징이었죠.

　하늘에 걸친 무지개를 발견하면 누구나 잠시 발걸음을 멈추게 됩니다. 일곱 가지 색이 조화를 이루는 광경은 저절로 감탄을 부릅니다. 특히 회색 빌딩이 가득한 도시에 나타난 찬란한 무지개는 존재만으로 행운의 징표처럼 느껴집니다.

　우리 사회도 이런 무지개와 닮아 있습니다. 서로 다른 생각, 경험, 표현 방식을 가진 사람들이 모여 하나의 공동체를 이루며 어울리고 있으니까요. 무지개는 일곱 빛깔이어서 아름답습니다. 새 학기가 시작되면 서로 다른 학교에서 온 아이들이 한 교실에 모입니다. 누구는 말이 많고, 누구는 조용합니다. 누구는 항상 웃고, 누구는 무뚝

뚝해 보입니다. 마치 각기 다른 색의 물감처럼 개성이 뚜렷합니다. 이처럼 다양한 색이 공존할 때 아름다운 그림을 완성할 수 있습니다.

"넌 우리랑 달라."
"네가 말한 건 뭔가 잘못됐어."
"네 의견은 틀렸어."

오늘날 다양성을 인정하지 않는 말들이 많습니다. 오직 나의 관점에서 일방적으로 다름을 인정하지 않는 건 존중과 거리가 먼 행동입니다.

다름을 인정하지 않으면 관계에 틈이 생깁니다. 클래식 음악을 좋아하는 친구에게 "클래식? 너 감성에 고장 났냐?"라는 말을 한다면 3일 동안 말 한마디 섞지 못할 수도 있습니다. 다름을 '틀림'으로 착각하면 관계는 무지개가 아니라 먹구름이 되고 맙니다.

학교에서 다문화 가정 친구들을 만나는 일이 많아졌습니다. 영국인 아빠를 둔 친구, 태국인 엄마를 둔 친구와 함께 모둠 과제를 할 땐 그들의 독특한 표현 방식과 시각을 발견합니다. 낯선 마음이 들 수는 있지만 이때도 다름을 '틀림'으로 착각해선 안 됩니다. 한국과 다른 문화적 배경을 가진 이들과의 공존은 무지개처럼 다양한 색깔을 더해 줍니다. 공존으로부터 우리는 중요한 것을 배웁니다. 차이는 틀림이 아닌 다름이라는 것을요.

"이 부분은 나와 다른 방식으로 표현했네. 덕분에 새로운 걸 알게 됐어."
"너희 엄마가 가지고 온 음식 덕분에 우리 과제가 훨씬 풍성해졌어."
"처음엔 어색했는데 함께 해 보니 정말 재미있다."
"앞으로도 좋은 친구로 지내자."

문화적 차이를 긍정적으로 받아들이는 말, 더 나아가 그들이 준 긍정적인 영향력에 감사 표현을 건넬 수도 있겠습니다.

20세기 이탈리아의 유명한 영화감독 페데리코 펠리니는 "다른 언어는 다른 세계관을 의미한다"라고 말했습니다. 각자의 표현 방식이 서로 다른 세계를 보여 준다는 의미입니다. 이 책을 읽는 여러분은 부디 나의 좁은 한계를 뛰어넘는 사람이 되었으면 합니다.

차이를 인정하지 못하는 말은 누군가에게 상처를 줍니다. 요즘은 SNS에서 각자의 생각을 너무 강하게 주장하다 보니 피할 수 없는 갈등이 생기기도 합니다. 알고리즘이 생기면서 나의 생각과 비슷한 콘텐츠만 보게 되는 것 또한 편견을 강화하는 원인이 되었죠.

이런 시대에서 무지개는 우리에게 공존의 지혜를 가르쳐 줍니다. 서로 다른 색이 함께할 때 가장 아름답다는 진리를 말이죠.

○

비 온 뒤 나타나는 무지개처럼

포용하는 말 한마디는

상처로 얼룩진 이들에게 힘이 됩니다.

다름을 인정할 때

비로소 세상은 조화로워집니다.

오늘, 어떤 색깔의 언어를 나누시겠어요?

○ **수민's 코멘트**

초등학교 때 다닌 유도장에는 베트남 출신 엄마를 둔 친구가 있었다. 언젠가 그 친구가 엄마가 만들어 줬다는 간식을 가져온 적이 있었다. 튀김과 비슷한 음식이었는데 사실 맛이 없었다. 그런데 다른 친구 하나가 튀김을 먹고 "이게 뭐야. 이상한 냄새가 나는데?"라며 얼굴을 찌푸렸다. 이 말을 듣던 친구의 모습에서 웃음기가 사라졌다. 옆에 있던 나는 먹을 생각도 하지 못했다. 그때 내가 "맛있어 보인다"라든가, "이런 음식도 있었구나. 베트남 음식 문화를 경험할 수 있어서 좋다!"라고 말했다면 어땠을까? 무심코 뱉은 말이 누군가에게 상처가 된다는 걸 아는 지금은 그 친구에게 너무 미안하다.

메마른 마음을 적시는
봄비 같은 말

행운의 상징 3.

봄비

메마른 대지를 부드럽게 적시는
생명의 물줄기

"진심을 담은 사과의 표현"

"야, 미안해. 진짜 그런 뜻은 아니었어."

"그냥 미안하다고 하지 말고, 네가 뭘 잘못했는지 말해 봐."

"응? 그게… 좀 생각해 볼게."

"…"

모면하기 위한 사과는 신뢰를 잃게 만듭니다. 신뢰를 잃으면 한겨울의 딱딱하고 차갑게 굳어 버린 땅과 같은 대화가 시작되고 말죠. 동토를 녹이는 것은 부드럽게 내리는 봄비와 같은 사과입니다. 진심 어린 사과의 말만이 상처 입은 관계를 부드럽게 회생시킵니다.

고대 그리스에서는 봄비를 보고 대지의 여신 데메테르가 흘린 눈물이라고 생각했습니다. 딸 페르세포네를 그리워하는 어머니의 사랑이 담긴 눈물이 대지를 적셔 생명을 피어나게 한다고 믿었죠. 사과 표현은 이러한 데메테르의 눈물처럼 사랑과 진심이 담길 때 그 힘을 발휘합니다.

한번은 제 동료가 발표 시간에 긴장해서 허둥대는 모습을 보고 저도 모르게 웃었던 적이 있습니다. 순간 동료의 굳어진 표정을 보았지만 그냥 지나쳐 버렸고, 그 이후 관계는 서먹해졌습니다. 그때를 생각하면 이렇게 말할걸 하고 후회됩니다. "실수할 때 웃어서 미안해. 나라도 발표하면 긴장했을 텐데."

무심코 던진 말 때문에 누군가에게 상처를 주었다면 어떻게 사과해야 할까요?

"내가 어제 너한테 했던 말, 다시 생각하니 정말 경솔했어."

"네 표정이 안 좋았던 것 같은데, 혹시 마음에 담아 두고 있다면 정말 미안해."

"나는 네가 그 일에 대해 얼마나 노력했는지 알고 있는

데, 그런 식으로 말할 의도는 전혀 없었어. 앞으로는 더 신중하게 말하도록 노력할게."

"혹시 내가 어떻게 하면 네 마음이 좀 풀릴 수 있을까? 내가 할 수 있는 일이 있다면 뭐든지 말해 줘."

'진정한 학습은 갈등의 해결 과정에서 일어난다'는 말이 있습니다. 사과는 단순히 잘못을 인정하는 행위를 넘어서, 자신과 상대방을 더 깊이 이해하게 만드는 마법입니다.

하지만 사과는 뭔가 어렵고 뭔가 불편합니다. 이유가 뭘까요? 우리 모두 자존심이라는 단단한 껍질을 가지고 있기 때문일 겁니다. '괜히 사과했다가 안 받아 주면 어떡하지?', '내가 먼저 다가가면 약해 보이지 않을까?' 이런 두려움은 우리를 망설이게 합니다.

그럼에도 '관계의 새싹'을 틔우기 위해서라면 '봄비 같은 사과'는 필요합니다. 설령 결과가 좋지 않더라도 괜찮아요. 내가 먼저 용기 내어 사과하는 법을 배우고 성장하는 것으로 충분합니다.

○

보슬보슬 내리는 봄비와 같은 말은

메마른 마음을 부드럽게 적시고

용기 내어 건넨 '미안해' 한마디는

새로운 신뢰의 씨앗을 틔워 줍니다.

오늘, 어떤 봄비의 언어를 나누시겠어요?

○ 수민's 코멘트

친구들과 놀다 보면 무심코 상처 주는 말을 하는 경우가 많다. 국어 학원을 함께 다니던 친구가 있었다. 평소에 나에게 공부를 가르쳐 줄 정도로 성적이 좋았는데, 중간고사에서 내가 더 점수가 좋았던 적이 있다. 그때 친구에게 "하하. 공부 헛했다, 너?"라고 했다가 친구의 얼굴이 확 변하는 걸 보게 되었다. 그때 나는 한마디를 더 보태고 말았다. "그냥 농담이었잖아. 너무 예민하게 굴지 마."

친구의 상처를 부정해 버린 말. 지금이라면 절대 하지 않고 진심으로 사과할 것이다. "기분 나쁘게 할 생각이 아니었어. 네가 얼마나 노력하는지 알면서 그런 말을 해서 미안해."

세심한 배려로 스며드는
가랑비 같은 말

행운의 상징 4.

가랑비

조용히 스며드는 깊은 물줄기

"일상의 작은 배려를 담은 언어"

비가 오는 날, 창문을 열어 보셨나요? 거센 소나기는 요란하게 내리다 금방 그치지만 가랑비는 소리 없이 오랫동안 내리며 대지 깊숙이 스밉니다. "가랑비에 옷 젖는 줄 모른다"라는 속담은 작은 것들이 쌓여 큰 변화를 만든다는 말입니다.

　믿음직한 관계는 일상의 작은 배려가 꾸준히 쌓일 때 만들어집니다. 이웃 나라 일본에서는 가랑비(細雨)를 지혜를 가르쳐 줄 스승으로 여겼습니다. 조용하지만 끈기 있게 내리는 가랑비와 같은 삶을 살겠다는 다짐이었습니다.

　배려는 한 번의 화려한 이벤트보다는 꾸준한 실천과 노력의 산물이라 할 수 있습니다. 친구들에게 세심한 관심을 보여 주는 일 또한 일상의 작은 배려가 됩니다.

　사실 학교생활은 크고 작은 일들의 연속입니다. 급식실

에서, 교실에서, 운동장에서 우리는 매일 배려가 필요한 순간을 만납니다.

예를 들어 친구가 힘들어 보일 때, 도움이 필요해 보일 때 다음과 같은 말은 하지 않기를 권합니다.

"별일 아닌데 힘든 척 좀 하지 마."
"도와 달라고? 나도 바빠."
"너 혼자만 힘든 거 아니야."

가랑비처럼 상대방의 마음에 조용히 스며들 말은 다음과 같습니다.

"괜찮아? 힘들어 보이는데."
"내가 도울 수 있는 게 있을까?"

작은 배려를 하다 보면 그게 바로 우리의 인격이 된다는 것을 아시나요? 진정한 배려는 서로에 대한 깊은 사랑과 관심, 그리고 세심함에서 시작되기 마련입니다. 가랑비처럼 조용히 다가서는 배려의 말 하나가 우리에겐 필요합니다. 크게 소리 내지 않아도 됩니다. 조용히, 가랑비처럼 말해 주세요.

○

소리 없이 대지를 적시는 가랑비처럼

우리의 작은 관심이

매일매일 조금씩 마음에 스며들 때

누구도 흔들 수 없는 신뢰가 만들어집니다.

오늘, 어떤 가랑비의 배려를 나누시겠어요?

○ 수민's 코멘트

친구가 며칠 동안 표정이 안 좋아 보였다. 평소보다 말도 적고 점심도 잘 안 먹는 것 같았다. 처음엔 그냥 '무슨 일 있나?'라고 생각만 했다. 그런데 며칠이 지나도 친구의 상태가 나아지지 않자 조심스럽게 물어봤다. "요즘 뭔가 힘들어 보이는데… 괜찮아?"

친구는 처음엔 "괜찮아"라고 말했다. 하지만 이상했다. 괜찮아 보이지 않았다. 그래서 얼마 후 다시 친구를 찾아갔다. "정말 괜찮아? 뭔가 도울 수 있는 거 있으면 언제든 말해"

친구는 결국 가정 문제로 고민이 있다고 털어놨다. 사실 내가 큰 도움
을 주지는 못했다. 하지만 이야기를 들어주었을 뿐인데 친구는 한결
나아 보였다.

오팔의 빛깔처럼
나와 다른 마음을 품어 주는 말

행운의 상징 5.

오팔

보는 방향에 따라
색깔이 변하는 보석

"다양성을 존중하는 포용력"

하나의 보석에 수많은 빛깔이 담겨 있는 오팔(Opal)은 고대부터 특별한 행운의 상징으로 여겨져 왔습니다. 보는 방향에 따라 파랑, 초록, 보라 등 다양한 색을 반사하는 보석 오팔처럼 우리의 말도 상황과 관계에 따라 다양한 빛깔을 지닙니다. 또 한 사람 한 사람 자신만의 표현 방식을 가지고 있기도 하죠.

　호주 원주민들은 오팔이 창조신이 땅 위를 걸을 때 생긴 발자국에 무지개가 닿아 생겨난 것이라 믿었습니다. 이처럼 신비로운 탄생 설화를 가진 오팔은 '진실'과 '창의성'을 상징하기도 합니다. 우리가 나누는 말도 진실하고 창의적이어야 합니다. 그래야 상대방의 마음을 환하게 비춰 줄 수 있거든요.

　이런 상황 어떤가요. 친구가 새로운 스타일의 옷을 차려입었는데 내가 보기엔 별로 예뻐 보이지 않습니다. 이때 나는 어떤 말을 하면 좋을까요?

　1 "너는 그 옷이 어울린다고 생각하냐? 정신 차려!"
　2 "오늘 옷 스타일이 평소와 다른데 특별한 이유가 있
　　어?"

친구 관계를 끊고 싶은 게 아니라면 1번보다는 2번처럼 관심을 먼저 표현해 보는 것이 좋을 것입니다. 여기에 더해 "전에 시도하지 않았던 색깔인데, 정말 잘 어울린다!"라며 구체적으로 칭찬할 수도 있고 "네 덕분에 나도 새로운 스타일에 도전해 보고 싶어졌어"라며 긍정적인 영향을 받았음을 표현할 수도 있습니다.

요즘은 교실이나 SNS에서 거친 말이 오가는 장면을 쉽게 볼 수 있습니다. 만약 여러분이 강해 보이고 싶은 마음에, 친구들이 쓰니까 등의 이유로 욕설이나 비속어를 사용한다면 저는 단호히 그러지 말라고 이야기하고 싶습니다. 그건 오히려 자신의 가치를 깎아내리는 일이 됩니다.

험한 말을 내뱉는 순간, 장난으로 시작한 말이라도 관계의 균열이 만들어지기 시작합니다. 비난하는 말도 마찬가지입니다. "너처럼 이상한 애는 처음이야", "말도 안 되는 생각은 버려"와 같이 차갑고 냉정한 말은 상대방을 존중하고 이해하는 데 방해가 될 뿐입니다. 여러분은 이미 충분히 좋은 사람입니다. 그러니 누군가에게 말 한마디 잘해 주지 못할 이유가 없습니다.

남아프리카공화국의 첫 흑인 대통령 넬슨 만델라는 과거 인종 차별을 없애기 위해 투쟁하다 감옥에 가게 됩니다. 그는 27년간의 억울한 감옥 생활 후에 이렇게 말했다고 합니다.

"자유로 향하는 문을 향해 걸어가면서, 나는 증오를 내려놓지 않으면 여전히 감옥에 있는 것이라는 걸 알았다."

거칠고 획일적인 말이 아닌, 다양성을 존중하는 용서의 언어가 우리를 자유로 이끕니다. 누군가의 마음을 아프게 하는 말보다, 누군가의 상처를 치유하는 말을 하는 사람이 되어 보세요. 다양한 빛깔을 가진 오팔처럼, 우리도 다양한 빛깔의 표현 방식을 지니고 있음을 기억했으면 합니다.

○

말에도 색깔이 있습니다.

그중 진심과 존중이 담긴 말은

아름다운 색깔로 빛나며

세상을 환히 비추어 줍니다.

오늘, 어떤 색깔의 언어로 세상과 소통하시겠어요?

○ 수민's 코멘트

중학교 1학년 때였다. 뒷자리 친구가 자꾸 교회를 같이 다니자고 했다. 한두 번도 아니고 몇 번의 거절에도 계속되는 제안에 짜증이 났다. 그러다 결국 "너 진짜 이상한 생각 한다. 너 맘대로 강요하지 마. 지겨워"라고 말했다. 친구의 얼굴이 갑자기 흑색으로 변했다. 괜히 미안했다.

그러다 언젠가 그 친구가 가족 환경 때문에 나와 다른 생각을 갖고 있음을 알게 되었다. 나와 다른 친구의 마음을 이해했다면 그런 말은 하지 않았을 텐데. 지금이라면 이렇게 말했을 것 같다.

"나는 종교는 아직. 나랑은 생각이 다른 거지? 그렇게 생각하게 된 이유가 있어?"

황금빛 노을처럼
여운을 남기는 말

행운의 상징 6.

노을

하루를 아름답게 마무리하는
황금빛 절정

"아름다운 끝맺음의 중요성"

하루가 저무는 시간, 하늘은 가장 화려한 석양빛으로 물듭니다. 노을은 태양이 하루 종일 세상을 비춘 후 마지막으로 남기는 선물과도 같습니다. 여러분은 노을을 바라볼 때 어떤 감정을 느끼나요? 아마도 많은 사람이 따스함, 아름다움, 평온함을 경험할 것입니다.

고대 그리스에서는 노을을 보고 '태양의 신 아폴로가 황금 마차를 타고 서쪽 바다로 내려가는 모습'이라고 생각했습니다. 그만큼 노을은 숭고함과 아름다움의 정점을 상징합니다.

우리의 대화에서도 아름답고 숭고한 '노을의 순간'이 있습니다. 바로 마무리입니다. 대화를 끝맺는 마지막 말이 무엇인지에 따라 아름다운 여운을 남길 수도, 찝찝함을 남길 수도 있죠.

마무리는 관계의 다음을 결정합니다. 친구와 함께 과

제를 하며 나름대로 멋진 결과물을 만들어 내던 중 "이 정도면 됐어. 그냥 가", "힘든데 빨리 끝내기나 하자"라는 말로 그 모든 과정을 끝내 버린다면 어떤 기분이 들까요. 결과물은 남겠지만 곁에 남을 사람은 없어질지도 모릅니다.

좋은 마무리는 만남을 특별하게 만듭니다. 함께 시간을 보냈다면 석양처럼 따스하고 기분이 좋아지는 끝인사를 건네 보세요. 이왕이면 아쉬움이 남을 말 대신 소중한 인연을 지속할 수 있는 말, 당신과의 내일을 기대하고 있다는 말이면 어떨까요?

"오늘 같이 과제 할 수 있어서 좋았어. 다음에도 잘해 보자."

"너의 이야기를 많이 들을 수 있어서 즐거웠어."

"다음에 또 이야기하자."

누군가와 헤어지기 전에 나누는 마지막 대화가 그날의 기분을 결정하곤 합니다. 내일 또 보자는 밝은 인사가 그 사람과의 다음 날을 기다리게 하는 설렘을 전해 주었으니까요.

노을이 하루의 끝을 아름답게 장식하듯 우리의 끝맺는 말도 그날의 관계를 특별하게 만듭니다. 사람은 경험의 마지막 순간을 가장 강력하게 기억합니다. 마지막 인사가 그날의 만남에 대한 전체 인상을 좌우하는 이유입니다.

인사가 어색하고 서툴 수 있습니다. 그래도 괜찮습니다. 표현은 날마다 조금씩 자연스러워질 테니까요. 다음을 기약하기 위해, 오늘도 진심 어린 마지막 인사를 건네 봅니다.

○
저녁 하늘을 수놓는 노을처럼
좋은 끝맺음 인사는
누군가의 하루를 황금빛으로 물들입니다.
오늘, 어떤 노을의 언어로 하루를 마무리하시겠어요?

○ **수민's 코멘트**

친구들과 단톡방에서 한참 수다를 떨다가 말을 마무리해야 할 순간들이 있다. 그럴 때 보통은 다른 친구의 말 바로 밑에 "ㅇㅇ"이라고 쓰거나 아무 말 없이 나가는 경우가 많았다. 지금 생각하면 처음 보는 친구는 나의 행동이 갑작스러웠을 것 같다. "오늘 이야기 재밌었어. 내일 봐!" 이런 말로 마무리를 지었어도 좋았을 텐데. 간단한 말인데 왜 그러지 못했을까? 지금 생각해 보니 아쉽다.

폭풍 후의 고요처럼
마음을 다독이는 말

행운의 상징 7.

고요

어려움을 겪고 난 후의 평화

"갈등 해소하기"

격렬한 빗소리가 잦아들고 어두운 구름이 걷히는 순간 찾아온 고요는 폭풍이 지나갔음을 알리는 자연의 신호입니다. 관계의 폭풍우를 떠올려 봅니다. 누군가와 다투고 서로 어색한 침묵만을 지키고 있다면 아직 폭풍이 끝나지 않았다는 뜻입니다. 마음의 고요를 가져다주는 것은 화해의 말뿐입니다. 화해는 고요의 순간을 만들어 줍니다.

　관계에서 갈등 후의 화해는 더욱 의미가 깊습니다. '앞으로는 서로를 더 이해하려고 노력하자'는 새로운 약속과 같기 때문입니다.

　누군가와 작은 일로 다투게 되었다면, 그 사람이 나에게 소중한 사람일수록 내가 먼저 다가가 보기를 권합니다. 그리고 다시 잘해 보자고 말해 보세요. 모든 관계에는 갈등이 있기 마련입니다. 다투고, 오해하고, 상처를 주고받는 일은 피할 수 없습니다.

피할 수 없는 갈등을 어떻게 해결하느냐가 관계의 깊이를 결정합니다. 마치 폭풍이 지나간 후 거리가 더욱 깨끗해지는 것처럼, 갈등 후의 제대로 된 대화는 더 깊은 신뢰를 만듭니다.

물론 쉽지 않습니다. 화해하기 위해 건넨 말인데 오히려 갈등을 증폭하는 경우 또한 흔합니다. 상대방을 탓하는 말, 홧김에 저지른 상처 주는 말은 주워 담기도 어렵습니다. 말은 신중해야 합니다. 갈등을 해소하고 싶다면 "너 때문이야", "다신 너랑 있고 싶지 않아"와 같은 화풀이 대신 관계를 지속할 수 있는 말을 건네야 합니다.

"이 부분은 내 잘못이 커. 정말 미안해."
"내가 그런 말을 했을 때 네 기분을 알 것 같아."
"우리 다시 차근차근 이야기해 보자."
"그때 내가 너무 감정적으로 말해서 미안해. 네가 그런 의도로 말한 게 아니라는 걸 이제는 알겠어."

누군가와 오해가 생겨 심하게 다툰 후 화해하는 상황

에서는 반드시 바로 오해를 풀어야 합니다. '미안해'라는 한마디를 꺼내기 쉽지 않은 사람도 있을 것입니다. 하지만 더 나은 관계를 위해서 할 건 해야겠죠?

갈등을 해소하고자 한다면 특히 상대방의 말을 잘 듣기를 강조하고 싶습니다. 진정한 대화는 듣기 위한 준비가 되어 있을 때 시작되는 것입니다. 갈등 상황 전보다 특히 갈등 상황 중에서 상대의 말을 진심으로 듣는 것이 무엇보다 중요합니다. 들어 주지 못하면 갈등은 절대 해소되지 않습니다.

친구와 크게 다툰 후 "우리 이야기 좀 할까?"라는 제안으로 시작된 대화가 더 깊은 우정으로 이어지기도 합니다. 이렇듯 갈등은 때로 서로를 더 깊이 이해하는 기회가 됩니다. 폭풍우가 지나간 자리에 무지개가 더 선명하게 빛나는 것처럼 갈등을 지혜롭게 해결한 관계는 더욱 단단해집니다.

갈등을 무작정 피하기보다 건강하게 해결하는 법을 배워야 합니다. 때로는 나의 감정을 솔직하게 표현하는 일이 중요합니다. 관계가 악화될까 봐 꾹 참는 것은 건강한 해결 방법이 아닙니다.

"나는 네가 이런 말을 했을 때 이런 기분을 느꼈어."

이처럼 주어에 '나'를 넣어서 말하는 '나 전달법'을 사용하면 솔직한 감정을 표현하는 데 도움이 됩니다. 정직한 대화는 관계의 평화를 가져옵니다.

○
내가 먼저 표현한 화해의 말 한마디가
깨어진 신뢰를 다시 잇는 다리가 될 때
더 깊은 관계가 시작됩니다.
오늘, 어떤 화해의 언어를 건네 보시겠어요?

○ 수민's 코멘트

솔직히 내 성격, 조금 욱하는 게 있다. 성격이 시원시원하다는 말도 듣지만, 반대로 너무 급해서 부담된다는 친구도 있다.
중3 때의 일이다. 친구와 교실에서 크게 다툰 적이 있다. 문제가 있는

채로 시간을 보내는 게 싫었던 나는 바로 해결하려고 말을 걸었는데, 오히려 더 악화됐다. 욱할 때는 잠시 시간을 가져야 한다. 감정이 가라앉은 후의 대화는 정말 다르기 때문이다.

혹시 친구와 다퉈서 감정이 격해졌다면? 바로 대화를 시도하는 대신에 "지금은 우리 너무 감정적인 것 같아. 잠시 생각할 시간을 가지고 나중에 이야기하자"라고 말해 주면 좋을 것 같다.

네잎클로버처럼
행운을 부르는 말

행운의 상징 8.

네잎클로버

1만 개당 1개꼴로 존재하는
행운의 이파리

"예기치 못한 도움의 의미"

좋은 친구를 만나고 싶고, 또 사귀고 싶습니다. 하지만 매일 수많은 사람과 마주치는 우리의 일상에서 진정한 친구를 찾는 일은 수만 개의 클로버 속에서 네잎클로버를 발견하는 것만큼 특별한 일입니다. 네잎클로버는 학교 운동장에 흔히 자라는 클로버 약 1만 개당 1개꼴로 존재합니다. 그렇기에 예로부터 대표적인 행운의 상징으로 여겨졌습니다.

　나폴레옹이 전장에서 우연히 발견한 네잎클로버 덕분에 총알을 피했다는 전설은 유명합니다. 믿거나 말거나지만 이 작은 식물이 수백 년 동안 행운의 상징으로 자리 잡게 된 이유 중 하나죠.

　네잎클로버와 같은 행운의 순간은 우리가 쓰는 언어에 큰 영향을 받습니다. 진심 어린 말 한마디로 소중한 인연을 만들 수 있기 때문입니다.

독일의 철학자 마르틴 하이데거는 우리의 말을 두고 "언어는 존재의 집"이라고 했습니다. 멋진 말이죠? 우리가 사용하는 말이 결국 우리의 존재 방식을 보여 준다는 의미입니다.

친구들과 나누는 대화 속에서 우리는 자신을 드러내고, 또 상대방을 발견합니다. 언어는 단순한 소통을 넘어서 내가 어떤 사람인지를 보여 주는 표현의 도구인 것입니다.

"너는 이해 못 할 거야."
"그냥 내가 하는 말 들어. 네가 뭘 알겠어?"

이런 말을 하는 사람이 곁에 있다고 생각해 봅시다. 여러분은 이런 사람과 친구가 되고 싶나요? 친구는커녕 '재수 없음'이라는 네 글자가 마음에 남을지도 모릅니다.

저에게도 네잎클로버 같은 친구들이 있었습니다. 어려운 수학 문제 풀이를 도와준 택준이, 몸살로 힘들어하던 저를 양호실에 데려다준 민호, 종례가 길어져두 기다렸

다가 함께 하교해 준 영수.

이 세 친구의 공통점은 제가 힘든 상황에 처할 때마다 힘이 되는 말을 건네주었다는 것입니다. 단순히 위로하는 것을 넘어 감정을 공감하고, '너를 응원하고 지지한다'는 표현을 해 주었죠.

"이런 문제는 이렇게 풀면 좋아. 네 생각은 어때?"

"몸 많이 안 좋아 보이네. 내가 도와줄게."

"오늘 종례 때 힘들었다며? 같이 맛있는 거 먹고 스트레스 풀자."

긍정적인 대화를 5번 이상 나눠야 부정적인 대화 1번의 영향을 상쇄할 수 있다는 말이 있습니다. 아직 말의 중요성이 크게 와닿지 않은 사람도 있을 것입니다. 하지만 친구들, 선생님, 부모님과의 성공적인 관계는 언어 소통의 질적인 수준에 달린 법입니다. 여러분은 평소에 어떤 말로 대화를 해 나갔나요? 예기치 못한 따뜻한 말 한마디는 관계를 더 깊고 단단하게 만들어 줍니다.

세상에 나쁜 클로버는 없습니다. 특별한 네잎클로버가 있을 뿐이죠. 마찬가지로 똑같은 내용이라도 상대방의 마음을 신경 쓴 말은 특별합니다. '말 한마디로 천 냥 빚을 갚는다'는 속담처럼, 여러분의 진심 어린 말 한마디가 예기치 않은 행운이 되어 돌아올 것입니다.

○

검은 흙 속에서 피어난 네잎클로버처럼

우리의 진심 어린 말 한마디가

누군가의 어두운 하루를 특별하게 할 때

그 행운은 다시 우리에게 돌아옵니다.

오늘, 어떤 행운의 말을 선물하시겠어요?

○ 수민's 코멘트

데이식스 콘서트에 다녀와서 인스타에 사진을 올렸다. 그런데 친한 친구의 댓글이 보이질 않았다. 하루, 이틀이 지나도 댓글이 없자 결국 디엠을 보냈다. "너 내 게시물 안 봤어? 뭐야? 짜증 나."

친구는 말했다. "미안. 이제, 엊그제 모두 학원 가느라 인스타를 못

봤어.”

지금 생각하면 나의 말투는 행운이 아니라 불행을 부르는 말투였다.

정 친구의 관심이 고팠다면 “내가 올린 사진 봤어? 네 생각이 궁금하거든” 정도로 말했으면 어땠을까?

행운을 부르는
말투 연습장

새로운 관계를 시작하기 전,
나도 모르게 내뱉고 후회한 말이 있다면?

_____

_____

_____

_____

_____

그 말을 어떻게 바꿔 말하는 게 좋았을까?

_____

_____

_____

_____

2장

내일도 만나고 싶은
사람이 될 거야

호감 가는 말

움트는 새싹처럼
희망을 주는 말

행운의 상징 9.

새싹

어떤 환경에서도 자라나는
불굴의 생명력

"포기하지 않게 만드는 응원의 힘"

아스팔트 사이의 좁은 틈. 그곳에서도 푸른 새싹은 자라납니다. 햇빛 한 줌, 물 한 방울로도 생명력을 발휘하는 새싹의 힘은 경이롭습니다. 여러분은 언제 마지막으로 이런 새싹을 발견하고 감탄했나요?

우리가 서로에게 건네는 말도 이런 새싹처럼 작지만 강한 힘이 있습니다. 대한민국 스포츠의 살아 있는 전설 김연아 선수는 불모지였던 피겨 스케이팅 종목에서 올림픽 금메달을 따냈습니다. 김연아 선수의 도전은 마치 콘크리트 바닥을 뚫고 나온 새싹과 같았습니다. '피겨 스케이팅은 한국에서 불가능한 종목'이라는 말을 들었지만 김연아 선수는 포기하지 않았죠.

스포츠 선수들은 압박감을 이겨 내기 위해 스스로에게 "넌 할 수 있어"라는 격려를 전하곤 합니다. 그 말이 훗날 올림픽 챔피언으로 나아갈 씨앗이었을지도 모릅니다.

척박한 환경에서도 싹을 틔우는 새싹은 예로부터 '불굴의 생명력'을 상징했습니다. 씨앗 한 알에는 거대한 숲이 만들어질 가능성이 담겨 있죠. 말은 울창한 관계의 숲을 만들어 줄 씨앗입니다. 그래서 더욱 신중해야 합니다. 말이라는 씨앗이 상대방에게 신뢰의 뿌리를 내릴 때 행운의 나무가 자라나니까요.

하지만 상대방이 성장하지 못하게 막는, 절대 새싹이 자랄 수 없게 하는 말도 있습니다.

"넌 절대 변하지 못할 거야."
"수학 공부를 이제 와서? 너 늦었어."

이는 사실 여부와 무관하게 잔인한 말입니다. 내뱉은 말은 언젠간 나에게 돌아옵니다. 누군가 어려운 일에 봉착하여 시작조차 힘들어할 때, 희망을 짓밟는 말을 한다면 이는 언젠간 화살이 되어 나에게 돌아올 수 있습니다.

그러므로 용기를 북돋워 주는 말, 함께 해결해 나가자는 격려의 말 한마디를 건네줄 수 있는 사람이 되어야 합니다.

"처음 시작하는 거라 막막하겠지만, 작은 것부터 하나
씩 해 보면 어떨까?"

"혹시 하다가 막히는 부분 있으면 언제든 나한테 물어
봐. 같이 해결하자."

작은 말로 큰 변화를 만듭니다. 교실에서, 운동장에서,
집에서 우리는 매일 수많은 말을 주고받지만 그중 어떤
말은 돌처럼 무겁고, 어떤 말은 깃털처럼 가볍습니다. 그
러나 말의 무게보다 중요한 것은 방향입니다. 새싹이 빛
을 향해 자라나듯이, 관계 또한 긍정적인 말이 있는 방향
으로 나아가기 마련입니다.

긍정적인 감정과 경험은 실제로 뇌의 신경 전달 물질
의 변화를 유발합니다. 행복감과 관련된 호르몬, 예를 들
어 도파민이나 세로토닌 등의 분비를 촉진할 수 있죠. 긍
정적인 말 한마디가 좋은 감정과 생각을 불러일으키는
것입니다.

아침에 나누는 간단한 "오늘 기분 어때?"라는 질문 하나로도 누군가의 하루는 달라질 수 있습니다. 친구를 진심으로 위하는 마음이 전달되려면 우선 우리 자신을 먼저 돌아보는 지혜가 필요합니다. 과제 미제출로 선생님께 지적받은 친구에게 "과제 별로 안 어려워. 넌 충분히 할 수 있어! 진짜야!"라고 격려했는데 친구가 "근데 왜 네 숙제는 맨날 안 해 오냐?"라고 묻는다면 진정성을 의심받을 테니까요.

새싹은 바위의 틈 사이에서도, 시멘트 사이에서도 자랍니다. 긍정적인 말도 마찬가지입니다. 어떤 말은 가장 힘든 상황 속에서 희망이 되어 줍니다. 그것이 바로 새싹이 우리에게 가르쳐 주는 행운의 비밀일 것입니다.

○

어둠을 뚫고 자라는 새싹처럼

나의 말이 희망이 되어 누군가의 마음에 움틀 때

그 생명력은 다시 나에게 돌아옵니다.

오늘, 어떤 성장의 언어를 심으시겠어요?

나도 칭찬을 받고 싶다. 하지만 칭찬보다는 "넌 할 수 있어!" 아니면 "넌 잘할 거야!"처럼 지금 내가 노력이 부족하다는 식의 말을 듣는 경우가 많다. 이왕이면 "너는 설명할 때 복잡한 내용도 쉽게 풀어서 말하는 능력이 있어!"라든지 "이번에 네가 끈기 있게 공부한 모습이 보기 좋더라. 그 끈기로 분명 해낼 수 있을 거야"와 같은 구체적인 칭찬을 받고 싶다. 특히 부모님, 그리고 선생님들에게. 그러기 위해서 내가 먼저 친구들에게 칭찬을 건네는 사람이 되어야겠다.

발광하는 태양석처럼
온기를 주는 말

행운의 상징 10.
태양석

고대부터 전해 오는
빛과 에너지의 보석

"상대를 빛나게 하는 격려의 표현"

고대 그리스에서는 태양석을 지니고 있으면 행운이 따른다고 믿었습니다. 태양의 에너지를 담고 있어 어둠 속에서도 빛을 발한다는 전설 때문입니다. 태양석은 빛을 받으면 특별한 현상을 보입니다. 내부에서 빛이 산란되어 마치 작은 태양이 빛나는 것처럼 발광하는 현상이죠.

　바이킹들은 항해 중 태양이 보이지 않는 날에 태양석(Sun Stone)을 나침반 삼아 길을 찾았다고 합니다. 구름 낀 하늘 아래서도 태양석은 태양이 있는 쪽으로 빛나며 방향을 알려 주었죠. 우리의 일상에도 이런 태양석을 발견하는 순간이 있습니다. 마음의 방향을 바꾸고, 길을 찾게 해 주는 격려의 말입니다.

　말에도 발광하는 빛과 같은 에너지가 있습니다. 한 사람에게 건넨 긍정의 말은 그 사람을 통해 다시 다른 이에게 전해집니다.

희망은 어둠에서 움트는 것입니다. 힘을 주는 격려의 말은 누군가의 하루를, 때로는 인생을 바꿀 수 있는 힘이 있습니다. 태양석이 빛을 모으듯 인간의 말 역시 긍정 에너지를 모아 주변을 밝힐 수 있습니다.

말은 누군가에게 소중한 선물이 되기도 합니다. 마음을 움직이는 가장 강력한 도구는 대화이기 때문이죠. 일상에서 이 강력한 도구인 대화를 현명하게 사용할 수 있다면 어두웠던 하루가 따스한 온기로 빛나는 하루가 될 수 있습니다.

"힘들지? 그런데 그거 알아? 포기하지 않고 도전하는 네 모습이 정말 멋있어."

반복되는 실패를 겪고 자존감이 낮아진 사람에게 이런 말은 그 무엇보다 큰 선물이 됩니다. 물론 빛이 너무 밝으면 눈이 부시다는 사실도 알아야 합니다. 무작정 친구를 향해 "너는 할 수 있어!"라고 말하면 친구는 이렇게 말할지도 모릅니다. "제발 그 말 좀 그만해. 부담스러워."

그러니 격려의 말에도 일종의 감도 조절이 필요하다는

것을 기억해야 합니다.

우리가 내면에 어떤 태도를 갖고 어떤 에너지를 발산

하느냐에 따라 외부 세계에 영향을 미칠 수 있다는 점,

이제는 동의하시나요? 기억하세요. 내가 세상에 보내는

에너지는 언젠가, 반드시, 나에게 돌아옵니다.

하루에 다섯 번 이상 긍정적인 말을 하는 사람들이 그

렇지 않은 사람들보다 더 많은 기회와 좋은 인연을 얻는

다고 합니다. 누군가의 성취를 축하하고 다시 일어설 용

기를 주는 태양석과 같은 '말의 온기'를 기억합시다.

○

빛나는 태양석처럼

나의 말이 누군가의 어둠을 밝힌다면

그 빛은 언젠간 나에게 돌아옵니다.

오늘, 어떤 빛의 언어를 선물하시겠어요?

체육대회에서 반 대항 계주에 나갔다. 나는 4번째 주자였다. 하지만 2번째 주자인 친구가 바통을 떨어뜨려 우리 팀은 꼴찌를 했다. 2번째 주자인 친구가 정말 에이스였는데… 아쉬웠다. 하지만 나머지 주자들이 그 친구를 격려한 기억이 난다. "바통을 떨어뜨렸어도 주워서 끝까지 달린 모습이 정말 멋있었어." 2번째 주자였던 친구는 안심의 미소를 보였고, 우리는 모두 즐겁게 엽떡을 먹으러 갔다.

나침반처럼
방향을 제시하는 말

행운의 상징 11.
나침반

방향을 잃지 않게 해 주는 도구

"원칙에 기반한 논리적 언어"

지미 카터 전 미국 대통령은 1978년 캠프 데이비드 협정에서 이스라엘과 이집트 간의 평화 협상을 중재합니다. 13일 동안 긴장된 협상 과정에서 그는 나름의 원칙에 입각한 협상 방식을 활용했습니다. 각 당사자 어느 한쪽의 편을 들지 않고 근본적인 이해관계에 초점을 맞추는 것이었죠.

"Why Not the Best?(왜 최선을 다하지 않았나요?)"

지미 카터의 슬로건처럼, 그는 최선의 결과를 위한 원칙 있는 대화의 중요성을 보여 주었습니다. 원칙 있는 대화란 항상 진실과 상호 존중이 바탕이 되어야 합니다. 나침반이 항상 북쪽을 가리킨 덕분에 폭풍우 속에서도 방향을 잃지 않는 것처럼, 감정이 격해지는 순간에도 대화의 원칙을 지키면 건설적인 결론에 도달할 수 있습니다.

나침반 없는 배는 목적지를 찾을 수 없습니다. 우리의 대화도 마찬가지 아닐까요? 명확한 원칙과 방향이 있을 때 윈-윈(Win-Win)이 될 수 있습니다. 상대방과 의견이 엇갈리다 보면 짜증이 나기 마련입니다. 이때 "너는 틀렸어"라든지 "내 말이 맞아"와 같은 감정적인 대립이 생기기 쉽습니다. 그러므로 의견 충돌이 있을 때 무엇을 먼저 논의해야 할지 순서를 정하는 등 대화의 방향을 다시 잡아 나가야 합니다.

이때 주의해야 할 부분이 있습니다. 나만의 생각을 강하게 밀어붙이는 말은 관계를 딱딱하게 만들 수 있거든요. 친구가 "오늘 수업 끝나고 떡볶이 먹으러 가자!"라고 말할 때 "아니야. 우린 먼저 과제부터 해야 해"라고 냉정하게 대답한다면 "넌 무슨 로봇이야?" 같은 말을 들을지도 모르는 일이죠.

어쨌거나 대화의 목표를 명확히 설정하고 현실적인 제약을 고려하며 서로 타협점을 찾아가는 과정은 중요합니다. 감정적인 대립보다는 객관적인 근거를 바탕으로 대화하는 태도는 토론의 실제이기도 합니다.

성공적인 대화는 모든 당사자가 자신의 핵심 가치를 지키면서도 타협점을 찾을 때 이루어집니다. 우리의 일상 대화에서도 이 원칙은 매우 중요합니다. 만약 학급 회의에서 현장 학습 장소를 정해야 하는데 의견이 엇갈리는 상황이라면 "각자 추천하는 곳과 그 이유를 들어보자"라고 제안하는 것도 좋은 방법이 됩니다.

말은 망망대해를 항해하는 배와 같습니다. 정확한 방향 설정이 성공적인 항해의 첫걸음인 것처럼, 원칙 있는 대화는 생산적인 결론으로 향하는 지름길입니다. 이왕 시작한 대화, 끝도 좋아야 하지 않을까요?

○

혼란스러운 상황에 명확한 길을 제시할 때

그 지혜는 모두에게 행복을 가져옵니다.

오늘, 어떤 나침반의 언어로

대화를 이끌어 가시겠어요?

○ 수민's 코멘트

중학교 3학년 여름방학 때 일이다. 친구와 주말에 놀기로 하고 뭘 할
지 정해야 했다. 친구는 쇼핑몰에 가자고 했고 나는 영화를 보자고 했
다. 서로 양보하지 않았다. 결국 나는 "그냥 각자 하고 싶은 걸 하자"
라고 말하곤 타협을 포기했다. 친구도 "그래, 알겠어"라고 말했다. 우
리는 왠지 모르게 서운함을 느꼈고 관계는 서먹해졌다.

그때 나는 어떻게 말해야 했을까? 사실 무엇을 할 것인지는 중요하지
않은 게 아니었을까? 우리의 목표는 함께 즐겁게 시간을 보내는 게
아니었나? 그땐 왜 그랬는지 정말 모르겠다.

해도처럼 나의 세계를
확장하는 대화

행운의 상징 12.
해도

다양한 경로와 지형을 담은
항해의 안내서

"다양한 관점을 담는 토론의 언어"

나침반이 방향을 알려 준다면 해도(海圖)는 여정의 모든 세부 정보를 보여 줍니다. 바다 밑의 암초, 해류의 흐름, 항구의 위치까지 상세히 기록된 해도는 항해자에게 더 넓은 시야를 제공합니다. 토론은 이러한 해도와 닮았습니다. 하나의 방향만 고집하지 않고 다양한 의견과 관점을 펼쳐 놓고 보면 더 풍부한 논의를 할 수 있거든요.

　역사상 가장 위대한 해도 제작자 중 한 명인 포르투갈의 페드루 레이넬은 15세기에 처음으로 정확한 방위표를 해도에 도입했습니다. 당시 다양한 정보를 하나의 그림에 통합하는 것은 혁신적인 일이었습니다. 따로 보면 충돌하는 듯한 여러 요소를 하나로 통합하면 세상을 새롭게 볼 수 있었습니다.

　토론의 핵심은 다양한 관점에 있습니다. 풍요로운 대화는 서로 다른 색이 모여 이루는 모자이크 같습니다. 한

가지 색만으로 표현할 수 없는 아름다움이 있듯이 여러 의견이 모일 때 다채로운 통찰이 생깁니다. 그러므로 의견이 엇갈릴 땐 다른 해결책도 찾아보자고 제안하는 것이 좋은 대안이 됩니다. 그리고 멋진 제안만큼 다른 이의 시각을 존중하는 태도도 중요하겠죠?

"네 생각은 어때?"
"이런 관점에서는 어떻게 보여?"

해양 지도는 선장 혼자의 힘으로 그릴 수 없습니다. 많은 선원의 경험이 모여야 비로소 완성됩니다. 마찬가지로 좋은 대화란 대개 한 가지 식견만 고집하지 않고 다양한 사람들의 지식과 경험이 더해질 때 가치 있습니다.

동아리 활동에서 새로운 프로젝트를 기획할 때 "우리의 목표를 먼저 분명히 해 두면 좋겠어"라고 말하는 것은 여정의 출발점과 도착점을 명확히 정하는 것과 같습니다. 의견 충돌이 있을 때 "잠시 쉬었다가 차분히 논의하자"라고 제안하는 것은 항해 중 악천후를 만났을 때 안전한 항구에 일시 정박하는 지혜와 비슷합니다.

항해에서 해도가 없다면 보이는 것만 따라가게 되고, 그것은 위험할 수 있습니다. 토론에서도 눈에 보이는 의견만 수용하면 중요한 측면을 놓칠 수 있습니다. 거대한 바다만큼이나 다양한 의견을 지도처럼 펼쳐 놓고 볼 때, 우리는 더 안전하고 풍요로운 결론에 도달할 수 있습니다.

ㅇ

넓은 바다를 한눈에 담은 지도처럼

다양한 관점을 존중하고 포용할 때

지도는 더 완전한 지혜를 그려 냅니다.

오늘, 어떤 해도의 언어로

토론을 풍요롭게 하시겠어요?

ㅇ 수민's 코멘트

시험 끝나고 반에서 마음 맞는 친구들끼리 어디로 놀러 갈지 이야기했다. 놀이동산을 가자는 의견, 한강 공원을 가자는 의견, 영화를 관람하자는 의견이 나왔다. 솔직히 나는 내가 좋아하는 야구팀의 경기를 직관하고픈 마음이 컸다. 하지만 친구들이 각자 자기 의견만 주장하다가 분위기가 나빠졌고, 결국 다수결로 결정했다. 그때는 그게 최선이었다. 하지만 지금 생각하면 나머지 의견을 제시한 친구들은 기분이 좋지 않았을 것 같다. 다양한 의견을 무시하고 성급하게 결론을 내리려고 다수결이 필요한 것인가? 최소한 각자가 추천하는 이유라도 들어 봤어야 하지 않았을까?

밤하늘의 북극성처럼
기준이 되어 주는 말

행운의 상징 13.
북극성

북극에 가장 가까운 곳에서
가장 밝게 빛나는 별

"좋은 피드백의 조건"

"너 요즘 잘하는데?"

"그래? 나는 잘 모르겠는데."

"응, 특히 발표할 때 목소리가 더 또렷해졌어."

"정말? 네가 그렇게 구체적으로 말해 주니까 나도 알 겠다."

이런 대화는 아이 어른 할 것 없이 성장의 동력이 됩니다. 누군가의 피드백이 얼마나 큰 힘이 되는지 경험해 본 적 있나요? 구체적이고 진심 어린 피드백은 친구나 동료가 자신의 위치를 파악하고 나아갈 방향을 찾는 데 도움을 줍니다. 마치 밤하늘의 북극성처럼요.

북극성은 수천 년 동안 항해사들에게 방향을 알려 주는 신뢰할 만한 이정표였습니다. 오랜 세월 변함없이 북쪽을 가리키며 인류의 길잡이가 되어 주었죠. 이처럼 한

결같음에는 안정감이 있습니다. 우리가 다른 사람에게 피드백을 줄 때, 감정적이거나 기분에 따라 오락가락하는 모습보다는 일관되고 진솔한 태도를 유지하는 것이 중요한 이유입니다. 북극성처럼 흔들리지 않는 피드백은 상대방에게 신뢰와 힘을 줍니다.

좋은 피드백에는 조건이 있습니다. 가장 중요한 건 상대방이 잘한 점을 칭찬하고, 다음에 무엇을 하면 더 좋을지를 명확히 알려 주는 것입니다. 상황을 설정해 볼까요? 친구의 발표를 듣고 피드백을 주는 상황입니다. 이때 다음의 단계를 밟아 봅니다.

1 친구의 구체적인 변화와 강점 언급하기
"지난번에 발표했을 때보다 목소리도 커지고, 내용도 훨씬 잘 들렸어. 특히 도입 부분이 흥미로웠어."
"네가 가진 긍정 에너지가 듣는 사람에게 전달되는 것 같아서 기분이 좋아져."

2 자신에게 끼친 긍정적 영향 표현하기

"네 발표를 들으면서 나도 몰랐던 걸 많이 알게 됐어. 덕분에 발표 주제에 대해 더 깊이 생각해 보게 됐어."

3 다음에 무엇을 하면 좋을지 의견 주기

"이 부분이 흥미로워서 더 많이 알고 싶어. 다음엔 이 부분을 더 자세하게 알려 주면 좋을 것 같아."

북극성은 항상 북쪽에 존재함으로써 길을 잃은 여행자에게 방향을 알려 줍니다. 여러분이 건네는 진심 어린 피드백도 친구에게 명확한 방향성을 제시할 수 있었으면 합니다.

고등학교 시절, 제게 수학 문제를 묻던 친구가 있었습니다. 그 친구는 이렇게 말하더군요. "네가 설명하면 선생님보다 이해가 더 잘 돼. 특히 예시를 들어 가며 설명하는 방식이 좋아."

저는 친구의 구체적인 피드백 덕분에 저의 강점을 정

확히 알고 더 발전시킬 수 있었습니다. 여러분의 피드백도 누군가에게 도움이 되기를 바랍니다.

○

밤하늘에 변함없이 빛나는 북극성처럼
정직하고 건설적인 피드백은
누군가의 여정에 든든한 길동무가 되어 줍니다.
오늘, 어떤 북극성의 언어로
누군가의 길을 밝혀 주시겠어요?

○ 수민's 코멘트

친구의 말을 평가하는 것, 그러니까 피드백은 어렵다. 괜히 말 잘못했다가 마음의 상처를 주는 건 아닌지 걱정되기도 한다. 그런데 이와 관련하여 중학교 국어 선생님이 한 말이 있다. 학교에서 친구의 발표에 피드백을 줄 땐 '3+1'을 염두에 두고 말할 것. 예를 들면 친구의 발표가 좋았던 점 3가지를 먼저 말하고 다음으로 개선하면 더 나아질 1가지를 이야기하는 공식이다.

"네 발표의 세 가지 좋았던 점은 첫째, 목소리가 또렷했고 둘째, 슬라이드가 깔끔했어. 셋째, 질문에도 자신감 있게 대답했어. 한 가지 제안하자면, 발표 시간을 조금 더 지키면 완벽할 거 같아!"

쉽지 않겠지만 알아 두면 좋을 것이다.

별자리처럼
서로 연결되는 대화

행운의 상징 14.

별자리

점과 점을 연결하여
의미를 만드는 하늘의 이야기

"연대감을 쌓는 공통점 찾기"

하늘의 별들은 개별적으로도 아름답지만 연결되어 있을 때 더 큰 의미를 지닙니다. 오리온자리, 카시오페이아자리, 천칭자리 등 별자리의 명칭은 신화에 나오는 이야기에서 파생되었죠. 하늘에 흩어진 수많은 별을 연결하여 의미를 만들고 별과 별의 관계를 형성한 것입니다.

누군가의 개별적인 특성에만 몰두하면 사람 사이의 연결고리를 놓치기 쉽습니다. 연결은 인간관계에서 절대 놓치면 안 되는 가치입니다. 그래서 인간관계를 잘 관리하는 사람들은 상대방과 자신의 공통점을 찾습니다. 완벽히 다른 둘 사이에도 공통분모가 있고 이는 서로를 연결시켜 주는 매개체가 되기 때문입니다. 이러한 연결은 우리에게 필요한 소속감을 만들어 줍니다.

대화는 나와 너, 서로 분절된 개성만 보는 것이어선 곤란합니다. 나와 너를 넘어서 우리를 하나로 만드는 공통점을 발견해 봅시다.

"우리 둘 다 BTS를 좋아해."

"너랑 나는 진짜 꼼꼼한 성격 같지 않아?"

공통점을 찾아 주는 말은 우정을 더 단단하게 만들기도 합니다. 물론 공통점 찾기가 쉽지는 않을 겁니다. 오히려 차이점을 더 먼저 발견하게 될 확률도 크고요. 하지만 별자리처럼 연결하는 대화를 할 줄 아는 여러분이라면 설령 차이점만 보이는 것 같은 상황에서도 이렇게 말할 수 있을 겁니다.

"우리는 취미가 달라. 하지만 새로운 걸 배우려는 열정은 비슷하지 않아? 그 점이 정말 잘 맞는 거 같아."

표면적인 차이점을 넘어 내면의 공통점을 발견하는 멋진 말입니다. 물론 전혀 관련 없는 것을 억지로 연결하는 것은 조금 곤란하겠죠. "너희 둘 다 조용하니까 잘 맞을 거야"라고 말했다가 괜히 "조용한 건 성격이고, 취미는 완전히 달라"라는 대답을 들을 수도 있으니까요.

성장은 혼자보다 함께 있을 때 더 폭발적으로 일어납니다. 친구들과 서로 가진 면면들을 공유하며 공통점을 발견할 때 더 멋진 연대를 쌓아 나갈 수 있습니다.

여러 별이 연결되어 하나의 의미 있는 패턴을 그리는 별자리처럼 하나의 공동체가 되는 말하기, 우리가 터득해야 할 언어 기술입니다.

○

하늘의 별들이 연결되어 이야기를 만들듯

친구들 사이의 공통점을 발견할 때

그 연결은 더 깊은 우정의 별자리를 그려 냅니다.

오늘, 어떤 별자리의 언어로 우정을 이어 가시겠어요?

○ 수민's 코멘트

나 스스로도 잘 모르는 걸 찾아내어 좋은 방향으로 연결해 주는 사람이 좋다. 중2 때 체육 선생님은 내게 이런 말을 해 주셨다. "학급 회장다운 자신감, 체육 시간 때 보인 운동 능력, 그리고 평소에 친구들과의 대화에서 드러나는 경청 능력이 합쳐지면 나중에 운동 관련 마케터로서 재능을 발휘할 수 있을 거야." 사실 마케터는 내 마음속에 없던 직업이었다. 그리고 여전히 지금도 나는 여러 진로를 고민 중이다. 하지만 내가 좋아하는 야구팀의 마케터가 되는 것, 이것 하나만큼은 내가 선택하고 싶은 진로 중 하나가 되었다. 선생님, 감사합니다.

등대처럼 명확하고
선명한 말

행운의 상징 15.

등대

칠흑 같은 어둠에서
길을 알려 주는 빛

"얼버무리지 않고 표현하기"

어두운 밤바다를 항해하는 선박에 등대는 생명선과도 같습니다. 등대는 어둠 속에서도 일정한 간격으로 빛을 발하며 안전한 항로를 안내합니다. 우리의 대화도 마찬가지입니다. 복잡한 상황 속에서는 핵심을 정확히 짚어내는 말하기가 문제 해결의 빛이 되어 줍니다.

　칠흑 같은 밤바다에서 고유한 신호 패턴을 보내며 위치를 명확하게 안내하는 등대처럼 효과적인 대화 패턴도 이와 같아야 합니다. 모호한 표현을 삼가고 상황에 맞는 말을 골라야 하죠.

　"도대체 무슨 말을 하고 싶은 거야?"

　"잠깐, 차근차근 정리하자."

　"그래, 하나씩 이야기해 볼까?"

명확한 대화법이란 어떤 것일까요? 다시 등대로 돌아가 봅시다. 등대의 효과는 바로 단순함에 있습니다. 변수가 많은 바다에서 등대의 단순하고 일관된 신호는 놀라울 정도로 효과적입니다.

반면 안개처럼 모호한 대화법은 어떨까요? 구체적인 단어가 없습니다.

"글쎄?"

"잘 모르겠지만 아무튼 그런 거 있잖아."

"그런 느낌, 알지?"

좋은 의사소통은 최소한의 단어로 최대한의 의미를 전달하는 겁니다. 등대의 간결한 신호가 멀리 있는 배에게 정확한 방향을 제시하듯, 우리의 말도 군더더기 없이 핵심을 전달할 때 강력한 영향력을 갖습니다. 멋져 보이고 싶은 마음에 복잡하고 장황한 설명을 하는 것, 명확한 단어가 떠오르지 않아 얼버무리는 것 대신 간결하고 명확한 단어를 사용할 때 더 큰 울림을 줄 수 있다는 것을 기억해야겠습니다.

조별 과제에서 역할을 분담할 때도 명확한 소통은 큰 힘을 발휘합니다.

"네가 자료 조사를 맡고, 내가 발표를 준비할게."

정확한 고지는 추후 발생할 수 있는 혼란을 방지할 수 있습니다. 일정을 조율할 때도 "이번 주 수요일 4시, 도서관에서 만나자"처럼 구체적인 시간과 장소를 짚으면 오해의 여지가 없어집니다.

명확한 소통은 갈등 상황에서 특히 중요합니다.

"네가 어제 한 말의 의미를 정확히 알고 싶어."

솔직해지기 어려운 순간도 있겠지만 이런 말은 오해를 풀기 위한 첫걸음입니다. 때로는 단순한 정면 돌파가 관계의 해결책이 됩니다.

O

규칙적으로 빛을 비추는 등대처럼

명확하고 일관된 언어는

혼란스러운 상황에서

안전한 길을 알려 줍니다.

오늘, 어떤 등대의 언어로

소통의 바다를 항해하시겠어요?

O 수민's 코멘트

의견이 엇갈릴 때 어떻게 말해야 하는지를 중학교 국어 선생님께 배운 적이 있다. 바로 명확하게 말하는 습관이다. 예를 들면 "내가 지금 하고 싶은 말은 세 가지야", "이 부분이 하고 싶은 말이니까 잘 들어봐", "지금 네 말의 요점이 이게 맞는지 확인하고 싶어"처럼 듣는 사람에게 명확한 정보를 줘야 한다. 모호한 말을 듣는 건 별로다. 그렇다면 나부터 모호한 말을 하지 않아야겠다.

신호 깃발처럼
변화무쌍한 말

행운의 상징 16.
신호 깃발

상황에 따라 다른 메시지를 전달하는
해상 통신 도구

"맥락을 파악하는 일의 중요성"

바다 위에서 배와 배가 만날 때 어떻게 소통할까요? 등대가 고정된 위치에서 빛을 비추는 것과 달리, 신호 깃발(Semaphore)은 움직이는 배 사이에서 다양한 메시지를 주고받는 수단입니다. 각 깃발의 색상과 모양, 배치에 따라 전혀 다른 의미를 전달하죠.

깃발 신호는 전 세계 모든 해군이 공통으로 인식하는 일종의 국제 언어입니다. 다양한 국적의 선박들이 바다 위에 모여 있을 때 이 깃발 신호가 소통 수단이 되죠. 우리의 대화 역시 상황에 맞는 신호 깃발을 선택하며 이루어져야 합니다.

상황과 맥락, 대화 상대에 따라 적절한 표현 방식을 선택해야 효과적인 소통이 가능합니다. 깃발을 어떻게 배치하느냐에 따라 완전히 다른 메시지가 되는 것처럼 상황에 어울리도록 유연하게 말할 수 있어야 합니다.

몇 가지 상황을 예로 들어 보겠습니다. 시간제한이 있는 발표 시간에는 "결론부터 말씀드리면"이라는 말로 핵심을 전달합니다. 논리 싸움이 중요한 토론 중에는 "세 가지 근거를 들어 설명하겠습니다"처럼 말에 체계를 만듭니다. 위로가 필요한 친구에게는 "네 기분이 어떤지 이해해"나 "괜찮다면 더 말해 줄래?"처럼 공감하는 말투를 사용합니다.

이처럼 상황을 읽을 줄 아는 사람이 의사소통도 잘합니다. 마치 선원이 바다의 상태와 상대 선박의 위치를 고려하여 적절한 신호 깃발을 선택하듯이 우리도 대화의 맥락을 정확히 파악해 알맞은 말하기를 선택해야 합니다.

학교는 다양한 상황이 발생하는 곳입니다. 친구가 시험에서 좋지 않은 성적을 받았을 때와 친구가 아이디어를 자랑스럽게 발표할 때 우리의 반응은 달라야 합니다. 전자에는 따스한 격려의 말을, 후자에는 구체적 피드백이 적절할 것입니다.

대화는 상황에 따라 적절한 방식으로 이끌어 가야 합니다. 때로는 간결하고 직접적으로, 때로는 따뜻하고 공감적으로, 때로는 구조적이고 논리적으로 말이죠. 다양한 '언어 신호 깃발'을 상황에 맞게 사용할 줄 아는 여러분이 되기를 기대합니다.

○

상황마다 다른 깃발을 든 선원처럼

맥락에 맞는 적절한 표현은

복잡한 소통의 바다를

지혜롭게 항해하도록 합니다.

오늘, 어떤 신호 깃발의 언어를 사용하여

상황에 맞게 대화하시겠어요?

○ 수민's 코멘트

수학 공부를 도와주는 언니가 있었다. 매번 과제를 내 줬는데 풀기 귀찮아서 언니가 오면 "이거 어려워요", "이거 못 풀겠어요"라고 말하곤 했다. 매번 그랬더니 어느 날 언니는 진지하게 말했다.

"어려운 문제는 못 풀 수 있지. 하지만 최소한 풀어 보려는 노력을 해보고 막히는 부분이 뭔지를 말해 주면 좋겠네?"

모호한 질문은 질문이 아니라 포기다. 포기와 다를 바 없는 질문은 하지 말자.

행운을 부르는
말투 연습장

친구와 가족처럼 자주 만나는 사람에게 내뱉고
후회한 말이 있다면?

_____

_____

_____

_____

_____

그 말을 어떻게 바꿔 말하는 게 좋았을까?

_____

_____

_____

_____

_____

3장

우리의 세계는
점점 더 넓어질 거야

성장하는 말

조용히 달빛을 담는
호수와 같은 말

행운의 상징 17.

호수

물이 넓고 깊게 괸 잔잔한 수면

"자신을 내세우지 않는 겸손함"

"가장 깊은 물이 가장 조용히 달빛을 담는다."

러시아의 시인 예브게니 비노쿠로프의 말입니다. 진정 지식과 능력이 깊은 사람일수록 오히려 겸손하다는 의미입니다. 관계란 때론 겸손할 때 더 깊어질 수 있습니다.

달이 뜬 밤의 호수를 본 적 있나요? 잔잔한 물결은 달빛을 그대로 비춰 은은하게 빛을 냅니다. 물살이 거세다면 달빛을 온전히 담지 못했을 것입니다. 우리의 언어도 마찬가지입니다. 나의 부족함을 인정하고 겸손하게 말할 때, 있는 그대로의 모습을 보여 주며 더 깊이 있는 관계를 맺을 수 있습니다.

"어려운 건 나도 잘 모르겠어."
"괜찮아, 나도 처음엔 그랬어."

"너처럼 잘하고 싶어."

"나도 이 부분은 어려운데 같이 배워 볼까?"

구태여 뽐내지 않고 자신의 부족한 부분을 담담하게 말하는 사람과는 함께 있는 것만으로도 마음이 편안해집니다. 누군가는 겸손이라는 말이 썩 유쾌하지 않을 수 있습니다. 잘한 것을 잘했다고 말하지 않으면 바보가 되는 세상이니까요. 하지만 어느 정도의 겸손이 없다면 성장하지 못합니다. 배움의 시작은 '나는 모른다'는 겸손한 고백에서 비롯되기 때문입니다. 나의 한계를 솔직하게 인정할 때 오히려 더 큰 지혜를 얻습니다.

달빛과도 같은 대화를 가리는 오만한 말들이 있습니다.

"이건 내가 제일 잘 알아."

"그래도 쟤보다는 내가 낫지 않나?"

"이 정도 알면 많이 안 거지."

특히 타이밍을 못 맞춘 말들이 있습니다. 친구가 진지하게 고민을 얘기하는데 불쑥 "그거 나도 알아. 나도 그랬으니까"라고 덧붙인다면 이는 잔잔한 호수의 말이 아닌 역류하는 물결 같은 말이 되고 맙니다.

내 생각을 이야기할 때도 다른 사람의 의견을 잘 듣고, 겸손한 태도를 보이는 것이 중요합니다. 배우려는 태도는 비옥한 토양과도 같습니다. 더 많은 작물을 길러 낼 준비가 되어 있을 때 토양은 그 쓸모를 다합니다.

수업 시간에 모르는 것이 있을 땐 손을 들고 "이 부분이 이해가 안 되는데 다시 설명해 주실 수 있을까요?"라고 말하는 용기가 필요합니다.

자신의 약점을 드러내는 것이 오히려 강점이 될 수 있습니다. 친구에게 뭔가 실수했을 때 "내가 잘못 생각했네. 다시 한번 배워 볼게"라고 잘못을 인정하는 것 역시 강점을 만들고 성장하는 사람의 특징입니다.

달빛이 물결 위에서 부서지며 더 아름다운 풍경을 만들어 내듯, 우리의 대화는 겸손함으로 더욱 빛납니다.

○

호수의 물결이 자신을 낮추어 달빛을 담듯

오만하지 않은 태도는 성장의 밑거름이 됩니다.

겸손의 언어는 가능성의 언어입니다.

오늘, 어떤 물결의 언어로

관계의 빛을 담아내시겠어요?

○ 수민's 코멘트

누군가가 '오늘 진짜 최악이야ㅠㅠ'라는 메시지를 보냈다면 '나도 오늘 별로였어'라고 즉답하기 전에 '무슨 일 있었어? 괜찮아?'가 먼저다. 예전에 친구가 고민을 말한 적이 있다. "요즘 엄마랑 자꾸 싸워." 이 말에 나는 "나도 그래! 우리 엄마도 맨날 공부하라고만 해"라고 맞장구쳤다. 친구는 잠시 머뭇거리더니 "아, 그래?" 하고 말을 멈췄다. 더는 나와 할 말이 없었던 거다.

이때 내 얘기로 받아치기보다 "힘들겠다. 어떤 일로 그렇게 됐어?"라고 상대방의 이야기를 먼저 들어 줬다면 어땠을까? 하고 싶은 말이 있더라도 일단 친구의 이야기를 끝까지 들어 주는 게 진정한 겸손의 태도였을 것 같다.

대나무처럼 단단하지만
유연한 말

행운의 상징 18.

대나무

단단하면서도
유연하게 굽히는 식물

"배움을 받아들이는 열린 태도"

중국의 철학자 공자는 대나무를 두고 '군자의 덕'이라고 칭했습니다. 그 이유는 대나무가 속은 비어 있으면서도(겸허함) 외부는 단단하며(원칙) 눈보라 속에서 굽힐지언정 부러지지 않는(유연함) 특성을 가졌기 때문입니다. 이런 대나무의 모습은 대화법의 이상적인 모델이 되어 줍니다.

강한 바람이 불 때 곧게 뻗은 대나무는 부러지지 않기 위해 유연하게 몸을 낮춥니다. 그리고 바람이 지나가면 다시 본래의 모습으로 돌아오죠. 대나무는 자신의 단단함을 자랑하지 않고 필요할 때 몸을 낮출 줄 아는 지혜를 가졌습니다. 우리의 대화도 이런 대나무의 유연함을 배울 필요가 있습니다.

"대나무처럼 텅 비어 있는 마음이 가장 많은 걸 담을

수 있다."

베트남의 불교 지도자이자 평화 운동가 틱낫한이 그의
저서에서 한 말입니다. 자기만의 생각으로 가득 차 있지
않을 때 우리는 다른 사람의 지혜를 받아들일 수 있는 공
간을 갖게 되는 것이죠.

대나무처럼 유연한 태도를 저해하는 꽉 닫힌 말들이
있습니다.

"내 방식이 최고야." 딱딱하고 고집스러운 말은 부러지
기 쉽습니다.
"나는 실수 안 해." 변화를 거부하는 태도입니다.
"너는 틀렸어." 좋아하는 친구와 단절을 만드는 잘못된
판단이겠네요.

만약 친구와 의견이 달라서 다툼이 일어날 뻔했을 때,
대나무의 특징을 대화에 적용한다면 이렇게 말할 수 있

을 것입니다.

"나는 이렇게 생각했어. 그런데 네 말을 들어 보니 내
가 놓친 부분이 있는 것 같아. 알려 줘서 고마워."

자기 의견을 고수하기보다 상대방의 의견을 받아들이
는 모습이 멋집니다. 다른 의견도 경청하고 받아들이는
사람의 주변에는 좋은 사람들이 모입니다. 이런 사람은
양보하고 협력하여 좋은 결과를 만들고, 감정이 격해졌
을 땐 잠시 시간을 두고 다시 이야기하는 지혜를 가졌기
때문입니다.

유연함만큼 중요한 대나무만의 특징은 바로 텅 빈 마
디입니다. 대나무의 마디는 끊임없는 성장의 증거입니다.
대나무는 성장할 때마다 새로운 마디를 만듭니다. 비어
있는 마디는 외부의 힘을 흡수하고 분산시키는 역할을
하여 쉽게 부러지지 않도록 돕습니다. 텅 빈 공간이 오히
려 대나무의 강인함을 만드는 것이죠. 그래서 대나무는
유연함과 강인함을 동시에 갖는 풀로 알려져 있습니다.

삶도 성장하기 위해서 여백이 필요합니다. 끊임없이 무언가를 채우기보다는 잠시 멈추고 비워 내는 과정을 거칠 때 진정한 성장이 일어납니다. 내면의 힘은 이런 공백으로 길러지는 것인지도 모릅니다. 그때 성장을 준비할 수 있다는 통찰을 얻게 되니까요.

대나무는 하늘을 향해 자라면서도 필요할 때 몸을 낮출 줄 아는 지혜를 가졌습니다. 우리도 때로는 대나무와 같은 마음을 가지면 좋겠습니다. 단단해지면서 생기는 신뢰와 유연한 태도를 얻기 위해서 말이지요.

○

강한 바람에 몸을 굽히는 대나무처럼

유연한 태도와 겸손한 표현이

단단한 관계의 기반을 만듭니다.

오늘, 어떤 대나무의 언어로

세상을 열린 마음으로 바라보시겠어요?

○ **수민's 코멘트**

대나무는 굽어지되 부러지지 않는다고 한다. 우리의 카톡도 그래야
하지 않을까? 친구와 대화를 나누다가 내가 의도한 말을 친구가 엉뚱
하게 다른 뜻으로 오해한다면? 그런 뜻이 아니었다고 변명부터 하기
보다 "그렇게 들렸어? 내가 설명을 잘못했나 봐"라고 인정의 말부터
시작한다면 대화는 더 부드러워지지 않을까.

쏟아지는 유성우처럼
감정을 주고받는 대화

행운의 상징 19.

유성우

비처럼 쏟아지는 찰나의 빛

"기쁨도 슬픔도 공유하기"

유성우를 '별똥비'라고도 합니다. 다수의 유성이 비처럼 쏟아지는 천문 현상으로, 이때 발생하는 유성들은 마치 한 점에서 퍼져 나가는 것처럼 보입니다. 보기 힘든 현상이지만 그 찰나의 아름다움은 보는 이의 마음속에 오래도록 남습니다.

감정은 유성우와 닮았습니다. 기쁨, 슬픔, 설렘, 두려움은 마음속에 스쳐 지나가는 찰나의 반짝임과도 같거든요. 이러한 감정을 누군가와 솔직하게 나눌 수 있다면 평범했던 하루가 특별한 추억이 되기도 합니다.

하늘에서 쏟아지는 유성우는 분명 아름답지만 그 빛의 아름다움과 의미는 바라보는 사람의 마음에 따라 다르게 느껴지기도 합니다. 마찬가지로 똑같은 말이라도, 개인이 어떤 마음으로 받아들이고 어떻게 표현하느냐에 따라 그 의미와 영향력은 크게 달라질 수 있습니다. 긍정적인 마음으로 바라보면 긍정적인 에너지로, 부정적인 에너지로 바라보면 부정적인 에너지로 증폭될 수 있겠죠. 이때 감정을 담은 진실한 표현은 상대방의 마음에 큰 울림이 되곤 합니다.

감정을 솔직하게 표현하는 것만으로 대화는 특별해집니다. 대단한 무엇이 필요한 게 아닙니다. 단순히 교실에서 친구와 시험 결과를 기다리며 "지금 내 심장이 쿵쾅거려"라고 고백하는 것만으로도 자신의 진솔한 감정을 나누는 소중한 순간을 만드는 셈입니다.

순간 느끼는 감정을 있는 그대로 표현하고 상대방의 반응과 나의 느낌이 어떻게 변하는지 관찰하는 것. 하면 할수록 어렵지 않게 느껴질 것입니다.

오랜만에 친구를 만났을 때 "보자마자 웃음이 나는 게 신기하네"라고 말하거나, 싸우고 화해한 후 "우리 이렇게 풀어서 마음이 좋다"라고 표현하는 것도 순간의 감정을 포착하여 나누는 방식입니다. 어떤 말이든 중요한 건 그 짧은 순간을 함께 나누려는 마음입니다.

때로는 나도 모르게 소중한 감정을 무시하는 말을 하

기도 합니다.

"무섭다고? 별거 아니야."
"그렇게 기쁘진 않은데. 그냥 그래."
"글쎄. 아무렇지도 않아."

감정을 표현할 줄 안다면 "지금 정말 설레", "같이 보니까 더 특별해", "조금 무서운데, 함께 있어 줘서 고마워"와 같은 말을 할 수 있을 것입니다.

감정을 나누는 일은 특별한 경험이지만, 부정적인 감정은 충분히 고민한 뒤 말해야 합니다. 내 마음을 솔직하게 전하고 싶다고 무작정 "너랑 있으면 좀 불편해"라고 말한다면 이건 용기가 아니라 실수에 가깝지 않을까요?

○
쏟아지는 유성우처럼
반짝이는 감정을 공유할 때,
그 순간은 영원한 추억이 됩니다.

오늘, 어떤 유성우의 언어로

진실한 감정을 나누시겠어요?

○ **수민's 코멘트**

여중생이건 여고생이건 머리에 관심이 많은 건 당연하다. 요즘엔 왜 자꾸 탈모가 생기는지. 하여간 헤어스타일은 우리 여학생들에게 절대 놓칠 수 없는 그 무엇이다.

하루는 마음잡고 머리를 했다. 그런데 친구가 나를 보더니 덤덤한 말투로 "어? 머리 잘랐네. 괜찮네"라고 했다. 나는 '내 머리, 망친 건가?' 하는 생각이 들었다. 빈말이라도 좋으니 더 감정을 담아 말해 줬으면 하는 생각이 들었다. 평범한 평가는 뭔가 심심하다. 그리고 서운하다.

반딧불이처럼
리듬감 있는 대화법

행운의 상징 20.

반딧불이

어둠 속에서
리듬감 있게 빛나는 생명체

"때로는 밝히고 때로는 숨기는 균형감"

혹시 어둠 속에서 반짝이는 반딧불이를 본 적이 있나
요? 도시 생활에 익숙하다면 쉽게 보기 힘들 겁니다. 반
딧불이는 '개똥벌레'로도 불리는 곤충으로, 자신만의 리
듬으로 빛을 냈다가 숨기기를 반복합니다. 이런 빛의 깜
빡임은 반딧불이들이 서로 소통하는 언어입니다.

반딧불이의 빛은 자연이 만든 가장 아름다운 형태의
대화라고 생각합니다. 이 작은 생명체가 뿜는 빛의 패턴
과 타이밍은 자신의 종족, 성별, 의도를 전달합니다.

인간관계에 있어서도 적절한 리듬으로 자신의 의사를
표현하는 일이 필요합니다. 나를 솔직하게 드러내는 것
도 중요하지만, 상황과 상대방에 따라 적절한 타이밍과
방식으로 표현할 수 있어야 더욱 효과적인 소통이 가능
하거든요. 항상 모든 감정을 드러내는 것보다, 때로는 은
은하게, 때로는 강렬하게, 때로는 간직하는 등 표현의 리

듬감이 필요합니다.

건강한 감정 표현은 밀물과 썰물처럼 자연스럽습니다. 욱하는 마음이 치밀 때도 모든 감정을 한꺼번에 쏟아 내거나 억누르는 것은 좋지 않습니다. 균형 있는 표현, 적절한 감정의 리듬을 찾아야 하죠.

감정의 리듬을 무시하는 대화는 다음과 같습니다.

"왜 말하기 싫어?"
"네 일 아니잖아? 신경 쓰지 마."

감정의 리듬을 존중하는 대화는 이렇게 시작됩니다.

"지금 말하고 싶은 만큼만 이야기해도 돼. 네 속도에 맞춰 들을게."

친구와 함께 즐거운 시간을 보내는 것도 중요하지만,

때로는 서로에게 느낀 서운함과 오해를 푸는 것도 중요합니다. 이때 자신의 마음 상태를 솔직하게 표현하고, 친구의 마음에도 공감해야 합니다. 즐거움, 서운함, 고마움 등 다양한 감정을 솔직하게 교류하면 더 깊고 건강한 관계를 만들 수 있습니다.

반딧불이가 서로의 빛에 반응하며 춤추듯 우리의 감정도 상호작용하며 더 풍요로워집니다. 감정은 홀로 느끼는 것보다 서로 교감할 때 더 의미 있게 빛나기 때문입니다.

다만 감정을 적절한 순간에 적절한 방식으로 나누는 방법은 고민해야 합니다. 특히 시간과 장소는 중요합니다. 친구에게 서운했던 감정을 고백하는 순간을 상상해봅니다. 어렵게 전화를 걸고 친구가 전화를 받습니다. 그때 여러분이 말합니다.

"응, 나야. 말할 게 있어서. 오늘 있었던 일, 나 되게 서운했어."

그런데 돌아오는 대답은 내가 바라는 것이 아닐지도 모릅니다.

"미안, 근데 나 지금 피자 먹는 중이라."

대화는 타이밍입니다. 반딧불이도 해가 지고 나타난다는 걸 기억합시다.

○
고유한 리듬으로 빛나는 반딧불이처럼
균형 있는 표현 방식은
더욱 깊은 교감을 만들어 냅니다.
오늘, 어떤 반딧불이의 언어로
감정의 리듬을 나누시겠어요?

○ 수민's 코멘트

중학교 3학년 때였다. 좋아하던 아이돌 콘서트 티켓을 구했다. 너무 기뻐서 친구들에게 계속 자랑했다. "나 드디어 콘서트 티켓 구했어! 멀긴 하지만 아빠가 데려다준대. 대박이지? 너무 좋아서 잠도 안 와." 수업 시간에도, 쉬는 시간에도 계속 그 얘기만 했다. 그런데 한 친구가 말했다. "수민아, 네가 좋아하는 건 알겠는데 콘서트 얘기만 하니까 좀 피곤해." 솔직히 조금 서운했지만 지금 생각하면 콘서트에 관심도 없는 친구에게 내 기쁨만을 조절 없이 계속 쏟아 낸 것 같다. 아무리 기쁘다고 하더라도 표현은 적절하게 조절할 줄 알아야 한다는 걸 배웠다.

거울을 보듯 있는 그대로의
나를 마주할 용기

행운의 상징 21.
거울

있는 그대로를 비추는
정직한 반영

"경험한 것을 성찰하기"

거울을 보면서 얼굴을 확인하는 일은 일상적이고 자연스럽습니다. 나를 돌아보는 일은 삶에서 매우 중요하기에 우리는 때때로 마음의 거울 앞에 서야 합니다. 이때 중요한 것은 거울을 깨끗하게 닦는 일입니다. 흐린 거울이 모습을 왜곡시키듯, 우리의 마음도 정직하게 들여다볼 때 성찰의 효과를 얻을 수 있기 때문입니다.

"우리는 직접적인 경험으로부터가 아니라, 그 경험에 대한 성찰로부터 배운다."

미국의 저명한 교육학자 존 듀이의 말입니다. 성찰의 시간이 우리의 진짜 모습을 보여 준다는 의미의 말입니다.

성찰의 시간은 우리가 했던 행동, 느꼈던 감정, 생각했던 것들을 객관적으로 바라보게 하고 그 의미를 깨닫게 합니다. 이러한 성찰을 통해 우리는 자신의 강점과 약점을 인식하고 더 나은 방향으로 나아갈 수 있는 지혜를 얻습니다.

듀이의 말처럼 우리는 성찰을 통해 단순한 경험을 의미 있는 배움으로 전환할 수 있어야 합니다. 바쁜 일상에서 잠시 멈춰 서서 자기의 경험을 되돌아보는 시간을 갖는 것은 성장의 중요한 발판이 될 것입니다.

나를 알아차리는 '자기 인식'은 우리가 더 나은 사람이 되는 필요조건입니다. 지금의 상처를 치유하기 위한 첫 번째 단계이기도 하죠. 나를 정확히 알아야 변화의 방향도 설정할 수 있는 법입니다. 자기 인식이 부족한 말하기는 어떤 것이 있을까요?

무슨 일이 있냐는 말에 "그냥 기분이 안 좋아서", "별다른 이유? 없어", "나도 잘 모르겠어"라는 애매모호한 답. 스스로도 답답하겠지만 이런 말을 듣는 상대방도 답답합니다. 답답한 마음은 서로의 거리를 멀어지게 할지도 모릅니다.

맑은 거울처럼 선명한 자기 인식이 있는 말은 명확합

니다. 상황을 잘 설명하고 나 자신을 먼저 돌아볼 줄 압니다.

"아까는 네가 한 말 때문에 기분이 안 좋았어."
"내가 먼저 화를 내서 미안해."
"네 입장을 생각 안 했구나."
"내 실수였다는 것, 이제 알겠어."

예를 더 들어 볼까요? 친구가 나의 단점을 지적하는 상황입니다. 순간적으로 감정이 상할 수도 있지만 자기를 객관적으로 바라보는 기회로 삼을 수도 있습니다.

"나한테 이야기해 줘서 정말 고마워. 사실 나도 그 부분 때문에 고민이었는데 덕분에 용기를 내서 고쳐 볼 수 있을 것 같아."

솔직하게 인정하는 모습, 멋지지 않나요? 제 얘기를 해 볼게요. 초등학교 5학년 때의 일입니다. 반장 선거에서

이기고 싶은 마음에 친구의 단점을 들춰내어 소문을 낸 적이 있습니다.

"유승이? 에이, 축구도 못하는데 무슨 반장을 한다고."

그리고 저는 선거에서 졌습니다. 진 것보다 더 아픈 건 제 마음이었습니다. 깨진 거울의 파편처럼 날카로운 후회가 남았죠. '내가 왜 그랬을까?' 하는 생각이 머릿속을 떠나지 않았습니다.

성장은 불편한 진실과 마주할 때 시작되는 법입니다. 학교생활, 사회생활 중에도 이런 용기가 필요한 순간들이 많다는 걸 기억했으면 합니다.

시험지를 받았을 때 노력한 만큼 결과가 안 나왔다면 어떤 부분이 부족했는지 먼저 나 자신을 살펴보세요. 친구와 다툼이 있었다면 내가 먼저 사과할 수 있는 용기를 내 보세요. 수업 시간에 나는 얼마나 집중하고 있는지 스스로에게 물어보는 것도 좋은 성찰 연습입니다.

여러분이 자주 방문하는 유튜브 채널에 어떤 댓글을

남겼는지 찾아본 적 있나요? 화면 속 글자들은 일상의 공간에서 사용하는 말보다 더 오래 남고, 때로는 더 큰 영향을 미칩니다.

"이 댓글, 상대방에게 어떻게 받아들여졌을까?"
"내가 쓴 글은 읽는 사람에게 어떤 영향을 줄까?"

질문은 자기 성찰의 시작입니다.

○
맑은 거울이 있는 그대로의 모습을 비추듯
스스로의 부족함을 마주하는 정직한 성찰만이
내 안의 가능성을 비춥니다.
오늘, 어떤 거울의 언어로
자신을 바라보시겠어요?

○ 수민's 코멘트

내가 한 말을 스스로 돌아보는 좋은 방법이 있다. 유튜브, 인스타, 틱톡 등에 내가 남긴 댓글들을 다시 읽어 보는 거다. 나는 종종 내가 쓴 댓글을 찾아 읽어 보는데, 정말 부끄러울 때가 많다. '왜 이렇게 누군가에게 상처 주는 글을 많이 썼을까' 반성하며 삭제한 적이 한두 번이 아니다. 특히 익명의 경우는 더욱 그렇다.

댓글은 나란 사람의 수준을 고스란히 보여 준다. 지금도 가끔 나는 나의 댓글을 삭제하곤 한다. 앞으로는 처음부터 삭제할 일 없는 따뜻한 댓글을 남겨야겠다고 다짐하게 되었다.

자신에게 필요한 곳으로 향하는
나침반꽃의 지혜

행운의 상징 22.
나침반꽃

방향을 찾아 피어나는 식물

"원하는 미래를 그려 나가는 언어"

나침반꽃(Silphium laciniatum)은 꽃잎이 마치 나침반의 바늘처럼 사방으로 뻗어 있어 붙여진 이름입니다. 이 꽃의 특별한 점은 해가 뜨는 방향, 즉 빛을 향해 꽃잎이 움직인다는 데 있습니다. 그래서 북아메리카에 있는 대평원(Great Plains)의 초기 정착민들은 어두운 밤에 이 꽃의 잎을 만지며 길을 찾아 나갔다고 합니다.

　거울이 현재의 모습을 비춘다면 나침반꽃은 미래의 모습을 가늠하게 합니다. 자기 성찰은 현재 자기의 모습을 확인하는 것을 넘어, 더 나은 미래를 위한 방향을 설정하는 과정이기도 합니다. 자신의 성장에 필요한 방향을 찾아 움직이는 이 식물처럼 우리도 자기만의 삶의 방향을 찾아가야 합니다.

　'만약 내가 하루 세 번만 스스로 돌아볼 줄 안다면.'

'매일 아침 거울 앞에서 옷과 머리를 가다듬듯, 우리의
행동과 마음가짐도 정기적으로 점검할 줄 안다면.'
'특히 나의 입에서 나오는 말을 체크한다면.'

방향 없는 성찰에는 한계가 있기 마련입니다. 자신을
되돌아볼 때 어떤 말을 주로 사용하게 되는지 생각해 보
세요. "다들 하니까 나도 그런 건데"라는 태도에는 주체
성이 없습니다. "어쩔 수 없었어"라는 것은 책임을 회피
하는 말투고요. "항상 이런 식이야"라는 마무리는 나의
가능성을 부정하는 말입니다.

적절한 방향을 찾아가기 위한 성찰도 말에서부터 출발
합니다. 만약 장래희망을 정하지 못해 고민하고 있다면
친구와 흔히 나누는 이런 식의 대화를 떠올려 보세요.

"요즘 내가 뭘 하면 가장 즐겁고 시간 가는 줄 모르는
지 생각해 봤는데, 체육 시간이 가장 신나고 재밌었어."
"나는 그림 그리는 걸 좋아하고 잘해. 그리고 친구들
고민 들어주는 것도 좋아하고. 상담하는 사람이 돼도 멋

있을 것 같아."

내가 좋아하는 활동을 구체적으로 이야기하고, 나의 강점과 흥미를 연결하여 이야기하는 것은 모두 성찰을 돕는 말하기입니다. 이때 주어가 '나'가 아니라 친구를 향한 말이라면 조심스러워야 합니다. 나침반을 들고 다닐 땐 늘 나를 비추는 거울도 함께 지니는 것. 친구와 멋진 대화를 진행하기 전에 꼭 준비할 일입니다.

미래를 계획하기 위해서는 과거 그리고 현재 자기의 모습을 똑바로 볼 수 있어야 합니다. 자기 성찰은 단순히 과거를 돌아보는 것이 아니라, 나아갈 방향을 찾는 과정이기 때문입니다. 나침반꽃이 빛을 향해 자신의 방향을 조정하는 것처럼 말입니다.

최고의 연기자, 최고의 과학자, 최고의 공학자가 되기 위한 여정은 끊임없는 자기 성찰에서 시작됩니다. 자기 성찰은 자신의 심리 상태, 정신의 움직임을 내면적으로 관찰하는 객관적 접근법입니다. 그러나 여기서 한 걸음 더 나아가, 발견한 것을 바탕으로 다음 행동의 방향을 설정하는 것까지 포함합니다.

나침반꽃은 어두운 밤에도 다음 날 해가 뜰 방향을 알고 있습니다. 지금, 눈앞이 깜깜하고 마음이 불편한가요? 어려운 상황에서도 자신의 가치와 목표를 기억하며 방향을 잃지 않는 지혜, 그리고 그것을 세상에 표현하는 말하기를 기억해야 합니다.

○

빛에 따라 꽃잎을 조정하는 나침반꽃처럼

더 나아지기 위한 방향을 찾을 때

그 지혜는 내일의 성장을 이끄는 나침반이 됩니다.

오늘, 어떤 나침반꽃의 언어로

미래를 설계하시겠어요?

○ 수민's 코멘트

친구들은 다들 자기가 하고 싶은 일들을 구체적으로 말하는데, 나는 정말 막막한 때가 있었다. 나는 꿈을 이야기할 때마다 이렇게 말했다. "아무 생각이 없어. 몰라. 귀찮아." 친구들은 "괜찮아, 천천히 찾으면 돼"라고 위로했다. 지금 생각하면 내 말은 너무 막연하고 수동적이었다. 그냥 이렇게 말할 수도 있지 않았을까?

"나도 진로를 빨리 정하고 싶은데 아직 확신이 안 서. 그래서 요즘 내가 어떤 일을 할 때 가장 즐겁고 보람을 느끼는지 관찰하고 있어. 어제는 동생 숙제 도와주는데 정말 재밌더라. 선생님을 목표로 해 볼까? 혹시 너희는 언제부터 꿈이 생겼어?"

단순히 고민만 말하면 끝이라고 생각하는 건 별로다. 최소한의 노력으로 하고 싶다는 의지를 밝히면서 친구들의 경험도 들어 봤다면 어땠을까?

진심으로 교감하는
해바라기 같은 말

행운의 상징 23.
해바라기

태양을 향해 고개를 돌리는 식물

"귀를 기울이는 경청의 언어"

축구를 좋아하지 않는 사람도 박지성 선수는 알 정도
로 그의 활약은 대단합니다. 그는 맨체스터 유나이티드
에서 활약할 당시 '조용한 리더'로 불렸습니다. 2005년
맨유에 입단한 이후 7년 동안 팀의 중요한 선수로 자리
할 수 있었던 건 뛰어난 축구 실력뿐만 아니라 뛰어난 경
청 능력 덕분이었습니다.

당시 맨체스터 유나이티드 감독이었던 알렉스 퍼거슨
은 박지성이 항상 집중해서 듣고 질문하며 지시 사항을
철저하게 이행하기 위해 노력한다고 말했습니다. 언어와
문화가 다른 영국 축구팀에서 인정받는 리더가 된 비결
은 바로 '경청의 힘'에 있던 것입니다.

해바라기가 태양을 향해 고개를 돌리듯 진정한 경청은
상대방에게 온전히 관심을 기울이는 것에서 시작됩니다.
그저 듣기만 하는 것이 아닌, 마음으로 이해하려 노력하

면 대화는 더욱 깊어집니다.

해바라기는 왜 태양을 향할까요? 해바라기가 태양을 향하는 건 가장 적극적인 반응의 형태입니다. 자신의 생존을 위해 최대한의 노력을 하는 것이죠. 그 적극적이고 능동적인 모습은 우리가 누군가와 대화할 때 배워야 할 태도입니다.

친구에게 흥미로운 이야기를 전해 주고 있을 때 중간에 말을 딱 끊고 "아, 그거? 나는 이미 알고 있는데?"라고 한다면 어떨까요? 더 이상 그 친구와 대화하고 싶어지지 않을 것입니다. 고민거리를 조심스럽게 꺼내 놓는데 냉정한 표정으로 "그냥 이렇게 해"라며 섣부른 조언을 받는다면 상처를 받고 다시는 이야기하지 않겠다는 마음이 생길 것입니다.

나는 그런 사람이 아니었는지 되돌아봅니다. 무슨 말을 해야 할지 모르겠다면 친구와 눈을 맞추며 말을 듣는 것만으로 충분합니다. 이왕이면 꽃잎처럼 환한 미소가 있으면 좋겠습니다. 내가 너에게 집중하고 있다는 비언어적 메시지를 보낼 수 있다면 좋겠죠?

가장 중요한 건 상대방의 말에 끝까지 귀 기울이기입니다. 끝까지 듣고 나서 이렇게 말하면 더욱 좋습니다.

"나에게 이야기해 줘서 정말 고마워. 네 이야기를 들으니 얼마나 힘들었을지 짐작이 돼."

용기 내 말해 준 친구에게 감사를 전하고 공감까지 표현하는 사람은 곁에 두고 싶은 사람으로 남습니다.

단순히 듣는 것과 경청은 다릅니다. 예를 들어 누군가 긴 고민을 이야기합니다. 그런데 그 긴 고민을 끝까지 들은 후 "그래서 결론이 뭐야?"라고 한다면 말한 사람의 입장에서 힘이 빠질 것입니다. 아마 그 사람은 나에게 실망한 채 조용히 일어나서 자리를 떠나 버리겠죠.

경청은 상대방에 대한 존중과 관심의 표현입니다. 해바라기처럼 경청하는 순간을 만들어 보세요. 친구가 진학 고민을 이야기할 때 "어떤 전공을 하고 싶어?"라고, 새로운 도전을 이야기할 때 "그래? 그 꿈을 어떻게 이루고 싶은지 더 들려줘"라고 질문해 봅시다. 이는 상대방의 내면을 향해 집중하고 있다는 표현입니다.

해바라기는 가을이 되면 수많은 씨앗을 나눕니다. 진정한 경청은 더 많은 이해와 공감을 나눕니다.

"네가 그런 경험을 했구나."
"그래서 그런 생각을 하게 됐구나."

서로를 더 깊이 알게 되는 공감의 시간, 우리에게 정말 필요합니다.

○

태양을 향해 얼굴을 돌리는 해바라기처럼
온전한 관심으로 누군가의 이야기를 들을 때
그 대화는 서로를 따뜻하게 성장시킵니다.
오늘, 어떤 해바라기의 언어로
경청을 실천하시겠어요?

○ **수민's 코멘트**

중3 때 반에서 가장 조용하고 어떻게 보면 외로워 보이던 친구가 있었다. 그 친구는 급식 시간에도 급식실로 향하지 않고 혼자 있었다. 어떻게 할까, 고민하다가 "같이 먹을래?"라고 물었다. 친하지 않아서 그랬는지 친구는 살짝 놀라는 투였다. 하지만 점심을 함께 먹으며 그 친구는 자신의 이야기를 술술 꺼냈다. 나는 "나 천문학에 관심이 많아"라는 친구의 말에 깜짝 놀라며 흥미를 갖고 대화했다. 이후 우리는 다른 고등학교에 가게 되었지만 지금도 가끔 연락하는 사이가 됐다.

말하는 것이 중요하다고들 한다. 그런데 진짜 중요한 건 말하는 것보다 듣는 것이 아닐까.

3천 번의 꽃을 피우는
무궁화의 끈기

행운의 상징 24.

무궁화

하루에도 여러 번 피었다 지는
끈기 있는 꽃

"관계를 지속하는 관심의 표현"

"무궁화 꽃이 피었습니다!"

어디서 들어 본 말이죠? 드라마에서 봤다고요? 네, 맞습니다. 그런데 사실 이 말은 한국의 전통 놀이에서 먼저 부른 노랫말이에요.

이 노랫말에 나오는 무궁화는 우리나라의 국화입니다. 무궁화는 아침에 피었다가 저녁에 지고, 또 다음 날 새로운 꽃을 피우는 특별한 생명력을 가지고 있답니다.

무궁화는 한 나무에서 7월부터 10월까지 약 100일 동안 3천 개 이상의 꽃을 피운다고 합니다. 이런 무궁화의 끈기 있는 생명력처럼, 좋은 대화란 한 번으로 끝나지 않고 계속 이어지며 더 깊은 관계를 만들어 줍니다.

관계를 계속해서 발전시키고 싶다면 한 번의 폭발적인 교류보다는 꾸준히 이어지는 대화를 나누는 것이 좋습니

다. 누군가를 깊이 이해하기 위해서는 어느 정도의 시간
이 필요합니다. 그 시간에는 꾸준하고 지속적인 작은 대
화들이 쌓여 있습니다.

혹시 이렇게 말하고 있지는 않나요?

"알겠어, 이제 끝났지?" 대화의 단절을 원하나요?
"다 들었으니까 가도 돼." 관계가 그저 그렇게 유지되
기만을 바라나요?

관계를 잇는 대화는 다를 겁니다.

"내일 또 이야기하자!"
"대화를 나누니 생각이 나아진 거 같아. 다음에 더 이
야기해 보자."
"이번에는 다른 관점에서 생각해 볼까?"

다만 대화가 끊기지 않기를 바란다고 매번 똑같은 질

문만 한다면 그 또한 바람직한 대화법은 아닐 겁니다. 기계적인 질문 몇 번은 괜찮겠지만 반복되면 어느 순간 상대방에게 '성의 없는 사람'이라는 느낌을 줄 수 있으니까요.

그럼에도 우리는 일단 말을 걸어야 합니다. 대화를 통해 얻은 깨달음과 즐거움을 구체적으로 표현하고, 앞으로도 함께 성장하고 싶은 마음을 전달하는 것은 관계를 단단하게 만드는 중요한 태도입니다. 소통은 단순한 정보 교환이 아니라 함께 자라는 과정입니다. 무궁화가 계절 내내 새로운 꽃을 피우듯, 관계란 계속해서 새로운 이해와 성장을 가져옵니다.

나는 여러분이 말을 조금 더 신경 쓰면 좋겠습니다. 잘 지내고 싶어 건넨 말이 오히려 관계의 단절을 가져오면 곤란하잖아요? 무궁화의 '무궁(無窮)'은 끝없이 피고 지는 생명력을 의미합니다. 대화도 한 번 나눈 것으로 끝나지 않고, 계속 이어가며 더 깊은 이해와 성장을 이룰 때 진정한 가치가 생깁니다.

서로에게 힘이 되어 주는 긍정적인 관계를 만들고 싶

다면, 더욱 깊고 의미 있는 우정을 쌓고 싶다면 우리도
매일 새로운 마음으로 대화를 이어 갔으면 합니다.

○

하루에도 여러 번 피고 지는 무궁화처럼

지속적인 관심으로 누군가의 성장을 응원할 때

함께 자라는 관계의 씨앗이 심깁니다.

오늘, 어떤 무궁화의 언어로

대화를 이어 가시겠어요?

○ 수민's 코멘트

친구가 기타를 배우기 시작했다. 기타에 관심이 없던 나는 "그래?"라
고 퉁명스럽게 대답했다. 그러다 한두 달쯤 지났을까, 친구와 하굣길
에 우연히 만나게 되었다. 나는 문득 기타를 배운다는 친구의 말이 기
억이 나서 물었다.

"기타 잘 배우고 있어? 요즘 어떤 곡을 칠 수 있어?"

그런데 친구가 놀란 표정을 보였다. "네가 그걸 기억하고 있을 줄 몰
랐어!" 작은 관심을 보였을 뿐인데 그 관심이 누군가를 기쁘게 한다
는 걸 깨달았다. 지속되는 관심은 누군가에게 큰 힘이 된다.

행운을 부르는
말투 연습장

내가 옳다고 생각하며 밀어붙였는데
훗날 상대방이 옳았다고 느낀 경험이 있다면?

_____

_____

_____

_____

_____

뒤늦게라도 그 사람에게 어떤 말을 건네면 좋을까?

_____

_____

_____

_____

_____

◆ 4장 ◆

이렇게 말하면
행운이 올 거야

긍정적인 말

멀리 가는 돌고래의 초음파처럼
울림을 주는 말

행운의 상징 25.

돌고래

초음파로 소통하는 해양 생물

"긴 말 없이도 가닿는 진심"

돌고래의 비밀을 아시나요? 바로 초음파입니다. 바다 생물인 돌고래에게 청각은 매우 중요한 감각인데요. 청각이 발달한 돌고래는 인간이 듣기 힘든 초음파를 이용해 자기들끼리 의사소통하며 교감합니다.

　돌고래가 다양한 소리를 통해 복잡한 의사소통을 한다는 것은 과학적으로 잘 알려진 사실입니다. 그들의 소리에는 단순히 정보뿐만 아니라 감정 상태의 미묘한 차이가 담겨 있을 가능성에 대한 연구도 진행되고 있습니다. 특정한 울음소리가 슬픔이나 고통을 나타낼 수 있다는 가설들이 제기되고 있죠.

　말하지 않아도 마음이 전해진다는 것이 놀랍지 않나요? 생각해 보면 우리도 비슷한 경험을 하곤 합니다. 특별히 말을 하지 않아도 상대방의 마음이 느껴지는 것. 바로 비언어적 표현입니다.

겉으로 보이는 단어뿐만 아니라 목소리 톤, 표정, 몸짓 등 비언어적인 요소들은 감정을 표현해 줍니다. 특히 대화에 몰입하다 보면 이런 비언어적 표현이 나도 모르게 튀어나오곤 합니다. 우리는 그런 모습을 보며 상대방이 이 대화에 얼마만큼 '진심'인지를 느낄 수 있습니다.

진심을 담아 이야기할 때, 상대방의 마음을 움직이는 힘이 생깁니다. 나는 어떤 말투로 그동안 친구들에게 이야기하고 있었을까요? 감정이 느껴지지 않는 건조한 말투만 사용하지는 않았을까요? 가끔은 나의 진심이 느껴질 수 있도록 준비해 보는 것이 어떨까요?

"그냥 그러려니 해."
"네가 그걸 알아서 뭘 하려고?"
"그럴 줄 알았어."

매정하게 판단하는 말은 공감의 언어와 거리가 멉니다.

"힘들어하는 네 기분이 느껴져."

"그건 진짜 잘했는데?"

"내가 함께 있을게."

가끔은 특별히 긴 말을 하지 않아도, 진심의 표현 하나가 보이지 않는 파장이 되어 서로의 마음에 닿습니다. 관계를 오래 지속하기 위해서는 감정을 주고받으며 순수한 기쁨을 표현하고 결국 우리가 동행하는 사이임을 전달할 수 있어야 합니다.

돌고래의 소통은 단순히 생존을 넘어서 정서적 유대를 위한 것이기도 합니다. 이처럼 소통이란 마음과 마음을 연결하는 다리 역할을 합니다.

돌고래의 초음파는 상상 그 이상으로 멀리까지 전달된다고 합니다. 우리의 말도 마찬가지입니다. 진심 어린 대화는 시간과 공간을 넘어서 먼 깊은 곳까지 울려 퍼집니다.

당신의 말이 누군가에게 큰 힘이 된다면, 그 말은 그 사람의 마음에 오랫동안 남아 빛날 것입니다.

○

자유롭게 유영하는 돌고래처럼

나의 말이 누군가의 마음에 파장을 일으킬 때

그 울림은 깊은 교감의 시작이 됩니다.

오늘, 어떤 돌고래의 언어로

진심을 나누시겠어요?

○ 수민's 코멘트

중학교 2학년 1학기는 여러모로 기억에 남는 시기다. 공식적으로 학교에서 성적표를 받는 시험을 보기 때문이다. 하지만 나는 부끄러운 성적이 나왔다. 반면 같은 아파트에 사는 절친은 성적이 좋았다. 그땐 친구의 얼굴을 보기가 싫었다. 같은 학원을 다녔는데 나만 이런 결과가 나와 화가 났고 '쟤는 운이 좋았나?'라는 생각도 들었다. 그런 마음을 품고 있으니 이상하게 친구와도 괜히 서먹해졌다. 그냥 축하해줄걸. 아쉽다. 성적도 잃고 친구도 잃어서.

벨루가의 미소처럼
기분이 좋아지는 말

행운의 상징 26.

벨루가

바다의 미소 천사라 불리는 흰 고래

"행복 에너지를 나누는 즐거움"

웃는 얼굴을 한 흰 고래, 벨루가를 아시나요? 벨루가는 바다의 미소 천사라고 불립니다. 미소를 짓는 듯한 표정이 보는 이에게 기분 좋은 에너지를 전해 주죠. 실제로 벨루가는 머리뼈의 특이한 구조 때문에 얼굴 근육을 자유롭게 움직여 다양한 표정을 만들 수 있는 유일한 고래과 동물이랍니다.

보기만 해도 기분 좋은 벨루가, 우리의 미소도 그들과 같을 수 없을까요? 실제로 벨루가는 서로 기쁨을 나누고 즐거운 감정을 표현함으로써 더 강한 유대감을 형성한다고 합니다.

"세상에서 가장 어려운 일 중의 하나가 타인에게 일어난 좋은 일에 진심으로 축하해 주는 일이다."

어디선가 들은 말에 뼈가 있습니다. 여러분은 누군가의
작고 사소한 기쁨에 어떤 축하를 전해 주고 있나요?

"네 성공이 나를 기쁘게 해."
"네가 행복하니까 나도 좋다."
"기쁜 소식을 전해 줘서 고마워."
"나도 좋은 일이 생기면 너에게 가장 먼저 말해 줄게."

기쁜 일을 공유하고 긍정적인 감정을 표현하는 능력은
우리의 정신 건강과 인간관계 만족도에 직접적인 영향을
미칩니다. 즉, 누군가의 좋은 일에 기뻐해 주는 건 상대
방을 위한 게 아니라 나를 위한 일이기도 합니다.
　친구와 일상을 공유하며 소소한 이야기를 나누다가
"오늘 있었던 일을 들려줄래?"라고 물어본 적 있나요?
이런 질문은 상대방의 하루에 관심을 보이는 말입니다.
또한 새로운 도전을 앞둔 친구에게 "네 꿈을 응원해"라
고 말하는 것은 벨루가가 보내는 미소처럼 기분 좋은 말
입니다.

긍정적 감정 표현에는 전염성이 있습니다. 누군가의 웃음소리를 듣고 있으면 자연스레 내 얼굴에도 미소가 번지는 것처럼 웃음은 멀리 전달되어 긍정 에너지가 돌고 돌도록 합니다. 이러한 선순환은 지역 사회, 국가를 넘어 전 세계로 퍼져 나갈 것입니다.

○

항상 미소 짓는 벨루가처럼

기쁨으로 가득한 표현이

주변 사람들에게 긍정의 파동을 일으킬 때

그 행복은 더 커지고 깊어집니다.

오늘, 어떤 벨루가의 미소로

기쁨을 나누시겠어요?

○ 수민's 코멘트

한참 아이돌 그룹에 몰두했을 때가 있었다. 특히 멤버 한 명을 진짜 좋아했다. 그때 돈 많이 썼다. 앨범도 사고, 카드도 사고, 특히 포토 카드 수집에 돈이 많이 들었다.

나와 같은 아이돌을 좋아하던 친구가 있었는데, 어느 날 그 친구가 내가 좋아하던 멤버의 포토 카드를 뽑았다. 질투가 났다. "짜증 나. 난 맨날 꽝인데." 친구의 좋은 소식을 마치 나의 일처럼 기뻐할 줄도 알아야 하는데 나는 그게 부족했다. "진짜? 와, 운 엄청 좋네! 어떻게 뽑았어? 나도 좀 알려 줘! 아니 너의 운 나에게 좀 보내 줘!"라며 웃고 말 걸 그랬다. 친구의 기쁨을 축하하기보다는 나의 안 되는 상황을 먼저 얘기하면서 분위기를 망칠 이유는 없었다.

함께 피어 아름다운 벚꽃처럼
풍요로운 말

행운의 상징 27.

벚꽃

같은 나무에서 저마다
다른 모습으로 피어나는 꽃

"다름을 특별하게 바라보는 시선"

벚꽃이 아름다운 이유를 생각해 봅니다. 단지 각각의 '벚꽃'만으로는 우리가 느끼는 아름다움이 완성되지 않습니다. 사람들이 사진을 찍는 곳은 벚꽃들이 군집을 이뤄 풍성해진 '벚나무' 아래입니다. 홀로 피어날 때보다 다 함께 피어날 때 벚꽃의 아름다움은 배가 됩니다.

　벚꽃은 같은 나무에서 피어나도 크기, 모양, 색깔이 조금씩 달라 더욱 풍성해 보입니다. 인간관계도 마찬가지입니다. 혼자보다는 서로 다른 다양한 사람들이 함께 어울릴 때 더욱 풍성해집니다. 다양한 개성이 모여 더 아름다운 풍경을 만들어 내는 것입니다.

　다름을 부정하는 말들이 있습니다. 나와 다른 존재를 배척하고 획일화하는 말들입니다.

　"너는 왜 그렇게 달라?"

"다들 이렇게 하는데 이건 좀 아닌 것 같아."

이런 강요는 쉽게 뱉어집니다. 반면 다양성을 인정하는 말은 인식하고 있지 않으면 나오기 어렵습니다. 그렇기에 우리는 더더욱 다름을 인정하는 말하기를 연습해야 합니다.

"네 생각은 남들과 다르지만 그래서 독특하고 멋져."
"그런 시각도 있구나. 참신해."
"네가 보는 세상이 궁금해."

진정한 혁신은 다양한 관점이 충돌하고 조화를 이룰 때 탄생합니다. 그래서 다름은 문제가 아니라 풍요로움의 원천입니다. 수학에 흥미가 없지만 국어에는 흥미가 있고, 달리기는 느리지만 철봉 매달리기는 잘하는 것처럼 서로 다른 강점에 주목하는 일이 중요해졌습니다.

2022년 월드컵 우승팀인 아르헨티나의 주역 리오넬 메시는 어린 시절 성장 호르몬 결핍증으로 또래보다 키가 작았습니다. 11세 때 그의 키는 또래의 절반 수준에 불과했고, 아르헨티나의 많은 축구팀은 그의 작은 체격 때문에 선수로 쓰기를 거절했습니다.

하지만 메시는 자신의 약점을 강점으로 변화시켰습니다. 그의 작은 체구는 오히려 낮은 무게 중심, 민첩성으로 이어졌기에 좁은 공간에서도 자유롭게 움직일 수 있었습니다. 훗날 축구의 전설이 된 메시는 이런 말을 남겼습니다.

"선수들은 각자 다른 스타일과 강점을 지닙니다. 중요한 것은 자신의 특별함을 인식하고 그것을 발전시키는 것입니다."

학교에서 팀 프로젝트를 할 때 '각자의 다른 재능으로 완성도를 높여 보자'고 제안하는 것은 다양성의 가치를 인정하는 태도입니다. 의견이 다를 때 '네가 보는 관점이 새롭고 흥미롭다'고 말하는 것은 차이를 통해 배움을 얻고자 하는 자세입니다. 이처럼 말에는 더 나은 삶을 살기 위해 필요한 다양한 가치관들이 녹아 있습니다.

벚꽃이 흩날리며 자유롭게 피어나듯 우리도 각자의 방식대로 성장할 수 있습니다.

"네가 그렇게 생각하는 이유를 알고 싶어."
"너의 다른 점이 우리를 특별하게 만들어."

다름을 이해하고 공존하겠다는 말들은 우리가 서로를 더 깊이 이해하고 연결되게 합니다.

○
꽃잎들이 모여 아름다운 봄 풍경을 만들듯
고유한 개성과 생각을 존중하면
다양하고 아름다운 관계가 만들어집니다.
풍요로운 관계의 시작을 위해
오늘, 어떤 벚꽃의 언어로
다양성을 존중하시겠어요?

중학생 때 나는 친구들 사이에서 '다르다'는 것에 대한 부담이 컸다. 내가 좋아하는 아이돌 그룹이 다른 친구들과 달라서 말하기를 망설인 적도 많았다. 하지만 한 친구가 내게 이렇게 말했던 기억이 있다.

"네가 좋아하는 아이돌 얘기도 해 줘. 맨날 똑같은 얘기만 하면 심심하잖아."

그때 그 한마디에 내 마음이 참 편안했었다.

여러 색의 튤립처럼
조화를 이루는 말

행운의 상징 28.

튤립

알록달록 언덕을 물들이는
백합과 식물

"서로의 부족함을 채워 주는 관계"

매년 봄이면 네덜란드에서 튤립 축제가 열립니다. 빨간색, 노란색, 주황색, 분홍색, 보라색 등 다양한 색깔의 튤립들이 광활하게 펼쳐진 장관은 그 어떤 꽃밭보다 아름답습니다.

　튤립은 하나의 정원에서 수백 가지 다른 품종이 함께 자라며 조화를 이루는 꽃입니다. 그래서 튤립은 다양성의 역설을 보여 줍니다. 각자 다른 색으로 함께 심었을 때 서로를 더 아름답게 만드니까요.

　각기 다른 색과 모양의 튤립들이 조화로운 풍경을 만들어 내는 것처럼, 사람들의 다양한 개성과 재능 또한 서로 어우러질 때 더 큰 시너지가 발휘됩니다.

　차이는 때때로 갈등의 원인이 되기도 하지만 서로의 부족한 부분을 채워 주고 새로운 아이디어를 떠올리게 하는 기회가 되기도 합니다. 그러나 종종 다름을 충돌로 생각하는 경우가 있습니다.

"우리랑 좀 맞춰 봐."
"같은 생각을 해야 협력이 되지."
"특이하다고 다 좋은 게 아니야."

튤립처럼 여러분의 학교생활도 다양한 배경과 생각을 가진 사람이 함께 어우러진 공동체가 되기를 바랍니다.

"서로 달라서 더 재미있어."
"너만의 방식이 특별해."
"우리의 다름이 서로를 보완해 줘."

조화는 다양성에서 비롯됩니다. 모두가 같은 생각을 가진 집단은 창의성을 기대하기 어렵습니다. 나와 관심사가 다른 사람에게 "당신이 좋아하는 것에 대해 더 알고 싶어요"라고 말하는 것은 곧 자신의 세계를 확장하고 싶다는 선언과도 같습니다.

그러니 이런 도전은 어떤가요? 일주일 동안 자신과 가장 다른 성격이나 관점을 가진 친구의 관심사를 파고들어 보는 겁니다. 그 과정에서 새롭게 발견하는 가치와 관점을 기록해 보고요. 나의 세계가 얼마나 확장되어 있을지 기대되지 않나요?

"우리가 다르다는 걸 알수록 더 배우게 돼."
"다른 시각으로 보니 새로운 해결책이 보여."

이런 말은 차이가 성장의 동력임을 알려 줍니다. 가장 창의적인 혁신은 서로 다른 분야와 관점의 교차점에서 탄생한다는 말이 있습니다. 나와 다른 경험은 단순한 관용을 베풀어야 할 대상이 아니라 적극적으로 추구해야 할 가치라는 걸 잊지 않기를 기대합니다.

○

다름이 조화를 이루는 튤립처럼
우리가 서로의 차이를 보듬을 때

그 다양성은 더 풍요롭고

창의적인 공동체를 만듭니다.

오늘, 어떤 튤립의 언어로

조화를 만들어 가시겠어요?

○ 수민's 코멘트

중학교 때 나는 친구들과 똑같은 학원을 다니거나, 똑같은 아이돌을 좋아해야만 친한 것이라 생각한 적이 있다. 지금 생각하면 정말 우습다. 당시 한 친구가 경쟁 아이돌의 팬이었고 나는 그 사실이 굉장히 못마땅했다. 그런데 친구는 전혀 어색한 티를 내지 않았다. 오히려 그 친구가 자기 아이돌 팬 카페에서 있었던 재미있는 이야기를 해 주었을 때 나는 생각지도 못했던 새로운 세상을 훔쳐본 기분이었다. 그때는 어색해서 표현하지 못했지만 '다름'이 더 궁금하고 특별하게 느껴졌던 일이었다.

단풍처럼 성숙하게
물들어 가는 대화

행운의 상징 29.

단풍잎

시간이 지날수록
더 깊은 색으로 물드는 잎

"재능과 가치 발견하기"

단풍은 햇살의 각도에 따라 수천 가지 색으로 빛납니다. 단풍나무 밑에서 사진을 찍으면 우리의 얼굴도 단풍잎을 닮는 경우가 많습니다. 잘 익은 부드러운 단풍잎에 우리의 얼굴이 물드는 것처럼, 우리의 진심 어린 인정은 상대방에게 긍정적인 영향을 미칩니다.

　단풍은 시간이 지날수록 색이 더 깊어집니다. 같은 나무에 있어도 햇살에 따라 각기 다른 농도로 물들고, 저마다의 방식으로 빛나기에 더욱 아름답습니다.

　장점도 무릇 그렇습니다. 시간을 들일수록, 오래 바라볼수록 더 많이 발견하게 됩니다. 이처럼 단풍잎이라는 상징은, 푸릇했던 시절에는 몰랐지만 시간이 지나고 점점 더 성장하는 우리의 모습을 보여 주는 듯합니다.

　가을 햇살이 알록달록한 잎을 더 선명하게 보여 주듯이 누군가의 장점에 주목하는 행위에는 그것을 더 빛나게 만드는 힘이 있습니다. 따뜻한 말 한마디로 누군가의 숨겨진 재능과 가치를 세상 밖으로 꺼내 줄 수 있는 것이죠.

"그 정도밖에 못 해?"
"다른 애는 더 잘하는데."

친구와 대화 도중 섣불리 한계를 규정하거나 함부로 다른 사람과 비교하는 것은 좋지 않습니다.

"너에겐 이런 재능이 있었구나."
"너의 그런 면이 정말 멋져."

아낌없이 칭찬해 주세요. 진정한 칭찬은 내면에 있는 가치를 발견하고 인정하는 것입니다. 표면적인 성과나 눈에 보이는 능력을 치켜세워 주는 것도 좋지만, 그보다는 그 사람만이 가진 고유한 가치를 알아봐주는 말이 더 오래 남습니다.

몰랐던 친구의 새로운 장점을 발견해 주세요. 어렵지 않습니다. 하루 한 번, 주변에 있는 누군가에게 그들이 스스로 알지 못했던 좋은 점을 말해 주세요.

"어려운 수학 문제도 네가 설명하면 쉽게 느껴져."
"네가 우리 반의 분위기 메이커야."
"너의 긍정적인 에너지가 좋아!"

이는 모두 성과를 치켜세우기보다는 상대방의 배려심, 유머 감각과 같은 내면적 강인함을 비추는 말입니다.

푸릇한 봄이 지나 가을이 되면 나무들이 더 깊은 색을 띠듯, 우리가 가진 특성들도 시간이 지날수록 더욱 성숙해집니다. 함께 지내는 시간이 많아질수록 예전에는 눈에 띄지 않았던 새로운 면을 발견하기도 하고, 더 다채로운 매력을 느끼게 되죠. 관계가 깊고 풍성해지는 과정입니다.

○

가을 햇살에 더 선명하게 빛나는 단풍처럼

우리의 따뜻한 인정과 발견의 말이

누군가의 숨겨진 장점을 비출 때

그 빛은 서로의 가치를 높이는 선물이 됩니다.

오늘, 어떤 단풍의 언어로

장점을 비추시겠어요?

○ 수민's 코멘트

우리 반에는 항상 밝고 유머러스한 친구가 있었다. 그 친구는 쉬는 시
간에 친구들을 웃기는 이야기로 분위기를 유쾌하게 만들었다. 나는
속으로 '어떻게 저렇게 유머 감각이 좋을까?' 하고 부러워했다. 어느
날 점심시간, 그 친구가 또 빵 터지는 말을 하길래 나는 이렇게 말해
주었다.

"진짜 재밌어. 네가 있어서 우리 반이 맨날 이렇게 시끄럽고 재밌는
거 같아. 나는 네 얘기 들으려고 학교에 와."

친구는 "뭐야, 오글거리게!" 하면서도 얼굴이 빨개져서 좋아했다. 내
가 친구의 장점을 알아보고 표현했던 것이 친구에게 기분 좋은 일이
될 수 있다는 것, 그때 깨달았다.

오랜 세월을 견뎌 낸
은행나무의 관록

행운의 상징 30.

은행나무

수천 년의 세월을 견디며
가을에 황금빛으로 물드는 나무

"인내와 끈기를 북돋우는 표현"

가을날의 거리는 황금빛으로 물든 은행나무로 가득합니다. 은행나무는 지구상에서 가장 오랫동안 살아온 나무 중 하나입니다. 공룡이 살던 시대부터 존재하는 '살아 있는 화석'이라 할 수 있죠. 그 세월 동안 변함없이 자리를 지켜 온 은행나무는 가을이 오면 황금색으로 물든 은행잎을 떨궈 인내와 끈기의 지혜를 우리에게 가르쳐 주는 듯합니다.

　은행나무는 수명이 긴 나무로도 잘 알려져 있습니다. 우리나라에는 천 년 이상을 산 고목들이 천연기념물로 보호받고 있기도 합니다. 한번 뿌리를 내리면 수백 년, 수천 년을 견디며 살아남는 은행나무는 조급하지 않고 천천히, 하지만 꾸준히 자라나는 인내의 상징입니다. 서두르지 않고 꾸준히 노력할 때 더욱 단단해질 수 있습니다.

"조급해하지 마. 천천히 해도 괜찮으니까."

"지금 당장 결과가 안 나와도 네 노력은 쌓이고 있어."

속도가 조금 느린 친구가 있다면 이렇게 말해 보세요. 진정한 성장은 하루아침에 이루어지지 않는다는 메시지를 전하면 상대방도 큰 힘을 얻습니다.

서두를 것 없이 꾸준히 노력할 때 진짜 실력이 쌓이는 법입니다. 마음이 조급해질 땐 스스로에게도 말해 봅니다. "처음엔 다 어려우니 시간을 두고 천천히 익혀가 보자"고요.

은행나무가 추위와 더위, 바람과 비를 모두 견뎌 내며 매년 황금빛으로 물드는 것처럼, 우리도 어려움을 견딘 뒤 아름다운 열매를 맺게 됩니다. 어떤 상황에서든 묵묵히 자신의 길을 걸어가는 지혜와 언어가 우리에겐 필요합니다.

○

오랜 시간 잎을 물들이는 은행나무처럼

조급함은 잊고 인내와 끈기의 힘을 믿을 때

세월을 견디는 단단한 뿌리를 내리게 됩니다.

오늘, 어떤 은행나무의 언어로 끈기를 실천하시겠어요?

O 수민's 코멘트

초등학교 3학년 때 유도를 시작했다. 처음엔 재미있어서 열심히 했는데 4학년이 되니까 급수 심사가 어려워져 재미가 없었다. 친구들은 빨리 급수가 올라가는데 나만 계속 제자리였다. 그때 유도 사범님이 이렇게 말씀하셨다.

"수민아, 유도는 원래 오래 걸리는 운동이야. 급수가 빨리 오르는 것보다 기본기를 탄탄히 쌓는 게 더 중요해. 천천히 해도 괜찮으니까 포기하지 말고 꾸준히 연습해 봐."

그 말씀 덕분에 마음이 편해졌고, 결과에 조급해하지 않고 연습에 집중할 수 있었다. 6학년 때까지 계속 운동하면서 꽤 괜찮은 성적을 내게 된 것도 사범님의 말씀 덕분이 아니었나 싶다. 아쉽게도 팔 부상으로 더 이상 선수 생활은 못 하게 됐지만 유도를 통해 인내하는 법을 배웠다. 빨리 결과가 나오지 않아도 꾸준히 하는 것의 소중함을 깨달았던 시간이었다.

행운의 동전처럼
예기치 않은 기쁨이 되는 말

행운의 상징 31.
동전

우연히 주운 작은 행운

"작은 일에 의미를 부여하는 섬세함"

"오늘 길에서 동전 하나 주웠어!"

"정말? 그거 행운의 징조래."

"그래서 그런지 기분이 좋아."

 길에서 우연히 발견한 동전 한 닢. 누군가는 무심코 지나칠 작은 물건이지만 이를 행운으로 받아들이는 순간 하루가 달라집니다. 작은 것에 의미를 찾고 그 기쁨을 나누는 과정이 서로에게 예상치 못한 행복을 선물하기 때문입니다.

 행복은 나눌수록 커지는 유일한 가치가 아닌가 생각합니다. 물질적인 재화는 나눌수록 줄어들지만 긍정적인 기운은 함께 나누는 과정에서 더욱 증폭되는 특별한 속성을 가지고 있습니다.

 긍정적인 대화 역시 마찬가지입니다. 기쁨을 함께 나누

는 말 한마디는 그 기쁨을 배가시키고 예상치 못한 좋은 결과를 가져오기도 합니다. 반대로, 우리가 무심코 내뱉는 부정적인 말은 주변 사람의 기분을 상하게 할 뿐만 아니라, 긍정적인 흐름을 방해하고 나에게 오고 있던 행운까지 막아 버립니다.

"난 항상 운이 없어."
"어차피 안 될 거야."

습관적으로 부정적인 말을 내뱉고 있지는 않나요? 부정적인 말에는 부정적인 기운이 담겼습니다. 그 기운을 스스로 불러오는 것은 마치 스스로 복을 걷어차는 것과 같다는 생각이 듭니다. 이제부터라도 의식적으로 긍정적인 언어를 사용하고, 주변 사람들과 기쁨을 나누며 더 많은 행운을 만들어 나가도록 노력해야 합니다.

냉정하게 들릴지 모르겠지만 좋은 사람을 사귀고 싶다면 늘 '안 된다', '못한다', '짜증 난다'와 같은 말을 입에 달고 다니는 사람들과는 살짝 거리를 두는 것이 좋습니다. 긍정만큼이나 부정의 전염력도 대단합니다. 부정적인 마음이 가득한 사람들을 굳이 가까이하면 여러분도 그 늪에 빠질 수 있습니다.

좋은 영향력을 주는 사람이 되고 싶다면 행운을 부르는 말투를 써야 합니다. 정말 지나칠 정도로 많이 말이죠.

세계인들의 존경을 받는 위인들은 대개 작은 일, 작은 사건 하나라도 허투루 보지 않았습니다. 그런 섬세함 덕분에 부정적인 기운도 긍정으로 바꿀 수 있었죠.

미국의 전 대통령 버락 오바마는 늘 작은 목소리에도 귀 기울이는 사람이었습니다. 2013년 11월 샌프란시스코에서 연설 중, 한 청년이 그의 발언을 가로막고 막무가내로 소리칩니다. 그때 오바마는 오히려 경호원들을 말리며 이렇게 반응했습니다.

"괜찮습니다. 청년이 말할 수 있도록 해 주세요."

청년의 말이 끝나자 그때 비로소 오바마는 이렇게 말

합니다.

"저는 이 젊은 청년의 열정을 존중합니다."

제가 강조하고 싶은 '긍정'이란 단순한 낙관주의와 다릅니다. 저는 여러분이 작은 일에도 의미를 찾는 지혜를 갖추었으면 합니다. 길에서 발견한 동전처럼 일상의 작은 행운에 기뻐하고 좋은 의미를 부여하는 태도는 삶의 질을 높이는 중요한 요소이기 때문입니다.

등교하는 길에 친구를 만났나요? "오늘은 좋은 일이 생길 것 같아!"라고 먼저 말해 보세요. 도전의 순간에서, 또는 시험 전날 "이 도전이 특별한 기회가 될 거야" 혹은 "나에겐 좋은 결과가 있을 거야!"라는 응원의 말을 건네 보세요. 가능성을 열어 주는 행운의 주문입니다.

동전은 한 사람에게 머무르지 않습니다. 이 사람에서 저 사람으로, 저 사람에서 이 사람으로 전해집니다. 긍정의 말도 서로에게 전달됩니다.

"나한테 온 행운을 너와 나누고 싶어."

"네 기쁜 소식이 내게도 행운을 줬어."

긍정의 대화는 우리 일상을 더 행복하게 만듭니다.

○

길에서 주운 동전이

예기치 않은 행운으로 느껴지듯

누군가의 하루에 나의 말이

예기치 않은 기쁨이 될 때

그 행운은 더 멀리 퍼져 나가 행복이 됩니다.

오늘, 어떤 행운의 언어로

기쁨을 나누시겠어요?

○ 수민's 코멘트

아빠가 자주 하는 말이 있다. '안 된다'라는 말 하지 말라고. 아빠의
뜻은 알겠지만 그게 마음처럼 쉽지 않다. 어떻게 안 할 수 있을까? 이
때 중학교 담임 선생님이 알려 준 방법이 떠올랐다. 바로 '행운을 억

지로 찾아내서 혼잣말하기'다.

"오늘 아침에 버스를 놓칠 뻔했는데 결국 탔어. 정말 행운이야!"

"좋아하는 노래가 나와서 기분이 좋아졌어."

"비가 올 것 같았는데 하교할 때 그쳐서 다행이야."

"식당에서 좋아하는 메뉴가 오늘 특식으로 나온대!"

일상의 작은 행운에 의미를 부여하는 습관, 친구들에게도 나에게도 권하고 싶다.

아름다운 새의 깃털처럼
날아드는 희망의 말

행운의 상징 32.

깃털

우연히 마주치는 희망의 메시지

"어려움에서 밝은 면 찾아내기"

길을 걷다 우연히 발견한 깃털 한 개. 별것 아닌 것처럼 보일 수 있지만 어떤 문화권에서는 이를 하늘에서 내려온 메시지나 행운의 상징으로 여긴답니다. 이처럼 일상의 작은 순간에 의미를 부여하고 희망을 나누는 대화는 어려운 상황을 헤쳐 나가는 지혜를 가르쳐 줍니다.

여러분이 긍정적이기를 희망합니다. 길에서 깃털을 발견한다면 이는 우주가 당신을 지지한다는 작은 증거라고 생각해 보세요. 작은 징표에서 희망과 의미를 발견하는 습관은 어려운 상황 속에서도 긍정적인 마음을 유지하는 데 큰 도움을 주기 때문입니다.

우리 주변에도 깃털처럼 작지만 소중한 희망의 조각들이 많습니다. 작은 희망들을 발견하고 서로 나누는 따뜻한 말들은 메마른 세상을 촉촉하게 적셔 줍니다. 작은 칭찬, 격려, 공감의 한마디가 누군가에게는 큰 힘이 되고,

다시 일어설 수 있는 용기를 줄 수 있습니다.

깃털을 보고 감탄하는 것처럼 일상에서 희망을 발견하고 긍정적인 말을 건네는 습관을 들여 보는 것은 어떨까요? 우리의 노력이 주변 사람들에게 큰 위로와 격려가 될 수 있을 것입니다.

"지금은 어렵겠지만 꼭 기회가 있을 거야."
"어려운 이 순간도 곧 지나갈 거야."
"힘들지? 우리 함께라면 이겨 낼 수 있어."

긍정과 희망의 언어에는 가장 어두운 시간을 밝히는 힘이 있습니다. 작은 깃털이 바람에 가볍게 날아가듯, 희망을 전하는 대화는 무거운 상황을 가볍게 만들기도 합니다.

힘든 시기를 지나고 있을 때 "이것도 나중에 보면 좋은 추억이 될 거야"라고 믿는다면 현재의 어려움을 다른 관점에서 볼 수 있는 힘이 생깁니다.

여러분이 혹시 실패를 겪었다면 "실수는 성공을 위한

발판이야"라고 스스로에게 말해 주세요. 희망을 표현하는 말은 여러분 그리고 여러분의 친구를 위로하는 동시에 무엇이든 해낼 수 있다는 용기를 가져다줄 것입니다.

희망을 나누는 대화는 도전의 순간에 빛을 발합니다. 시험 전날 불안해하는 친구에게 "너의 노력이 좋은 결과로 이어질 거야"라고 말해 주고, 새로운 시작 앞에서 "이 도전이 너를 더 성장시킬 거야"라고 격려하는 것. 어쩌면 가볍게 보일 수도 있겠으나 누군가에겐 이런 위로가 강력한 희망의 메시지가 되어 준다는 걸 잊지 마세요.

깃털이 자유롭게 하늘을 떠돌듯 사람들 사이를 자유롭게 오가는 희망의 말에 익숙한 사회가 되기를 바랍니다.

○

바람에 살포시 내려앉은 깃털처럼

희망의 말 한마디가

어려움을 겪고 있는 누군가에게 닿을 때

그 말은 무거운 현실을 들어 올리는 힘이 됩니다.

오늘, 어떤 깃털의 언어로

희망을 나누시겠어요?

○ **수민's 코멘트**

나는 매일 수학을 포기하겠다는 말을 입에 달고 살았었다. 여전히 수학은 어렵지만 이제는 '못한다' 앞에 '아직'을 붙여 나의 가능성을 열어 두는 표현을 잊지 않으려고 한다. 희망을 입에 담고 살면 언젠간 그 말이 실제 결과까지 바꿔 줄 것이라고 믿는다.

행운을 부르는
말투 연습장

지금은 관계가 끊어졌거나
일시적으로 연락을 하지 않는 사람이 있다면?

_____

_____

_____

_____

그 사람에게 어떤 화해의 말을 건네면 좋을까?

_____

_____

_____

_____

_____

5장

좋은 인연을
만나게 될 거야

진심 어린 말

꼭 껴안은 연리지처럼
인연을 만드는 대화

행운의 상징 33.
연리지

서로 다른 두 나무가
하나로 자라는 자연 현상

"귀인을 부르는 존중과 사랑의 표현"

연리지를 아시나요? 연리지는 각자 다른 뿌리를 가진 두 나무가 자라면서 마치 한 나무처럼 합쳐지는 현상을 가리키는 말입니다. 서로 다른 두 가지가 하나가 된다고 해서 '영원한 사랑'의 상징으로도 쓰인답니다. 연리지를 보고 있자면 '어떤 상황에서도 언제나 우린 함께'라는 느낌이 듭니다. 실제로 연리지는 한 나무가 생명을 잃어가는 상황에 이르면 다른 나무가 자신의 영양분을 나눠 주며 함께 생명을 이어 가는, 일종의 운명 공동체로 알려져 있습니다.

　연리지는 자연이 보여 주는 가장 아름다운 인연의 형태가 아닌가 생각합니다. 연리지를 보면서 내가 맺게 될 관계도 서로에게 영양분이 되는 인연이기를 바라게 됩니다.

　하지만 사람들은 위기에 봉착하면 쉽게 관계를 포기하

는 말을 하기도 합니다. 인연을 끊는 말들이죠.

"넌 너대로 살아."
"너에게 이제 지쳤어."
"더 이상 너와 할 말 없어."

이 말들은 모두 차갑고 냉정합니다. 정말 관계를 끊고 싶다면 모를까, 감정이 상해 나도 모르게 툭 튀어나온 말들이 대부분입니다. 이런 말을 하게 한 상대방이 밉겠지만, 그렇더라도 관계를 회복하고 싶다면 관계를 단절하겠다는 말은 끝까지 참는 편이 낫습니다. 그러기 위해 상대방을 이해하는 마음이 필요한 것이겠죠.

지속적인 관계를 유지하는 비결은 상대에 대한 끊임없는 호기심입니다. 연리지는 두 나무가 매년 함께 나이테를 만듭니다. 우리가 매년 친구와 함께 새로운 우정의 흔적을 더해 가는 것처럼요.

대화를 통해 관계의 깊이를 더해 갔으면 합니다. 대단한 말로 시작하지 않아도 괜찮습니다. 멋진 말보다 관심을 보여 주는 말이면 충분합니다.

"오늘 하루 어땠어?"

"이 순간을 기억하자."

당신의 일상에 관심이 있고, 앞으로도 좋은 추억을 함께 쌓아 가고 싶다는 말은 함께하는 시간의 가치를 인정하는 말이기도 합니다.

좋은 인연을 만들기 위해서는 약간의 노력이 요구됩니다. 관계란 나와 상대방이 서로의 변화를 이해하면서 깊어지는 것이니까요. 연리지는 각자의 뿌리를 가지고 있으면서도 하나의 큰 나무가 됩니다. 아무리 함께가 중요해도 서로의 개성을 존중하지 않으면 특별한 관계를 만들 수 없습니다. 연리지인지, 아니면 엉킨 이어폰 선인지 정도는 알아채야 합니다. 연리지가 서로에게 영향을 주고받으며 하나의 존재가 되듯, 우리도 서로에게 좋은 영향을 주고받으며 함께 성장할 수 있음을 믿어야 합니다. 존중에서 비롯된 특별한 인연을 만들어 나가기를 바랍니다.

○

서로 다른 두 나무가

시간을 넘어 하나로 이어지듯

진심 어린 대화와 지속적인 관심이

관계를 더 깊고 단단하게 만들 때

세월이 흘러도 변치 않는 인연이 됩니다.

오늘, 어떤 연리지의 언어로

인연을 이어 가시겠어요?

○ 수민's 코멘트

중학교 3년 동안 가장 친했던 친구와 다른 고등학교에 가게 되었다. 그래도 그때 우리는 "이제 못 만나게 되는 거야?"라고 말하지 않았다. 대신 "학교만 다르지 얼마든지 만날 수 있어. 계속 만나자"고 했다. 서로를 믿는 친구 사이라면 불안하다는 말보다는 계속 관계를 유지하겠다는 의지의 표현이 더 좋다.

서로 의지하는 덩굴처럼
힘이 되는 말

행운의 상징 34.

덩굴식물

서로를 감싸고 함께
위로 자라는 식물

"건강한 의존 배우기"

"혼자 하기 어려운 일이 있어."

"내가 도와줄게. 함께 하면 더 쉬울 거야."

"의지할 수 있는 사람이 있으니 더 잘할 수 있을 것
같아."

"맞아. 우리는 서로에게 좋은 지지대가 되고 있어."

덩굴식물을 본 적이 있나요? 저는 기억이 선명합니다.
초등학교 운동장 한쪽에 있는 놀이터 옆에 돌로 된 의자
들이 있었고 그 위를 등나무라는 덩굴식물이 덮고 있었
으니까요. 아무리 더운 여름이라도 그 밑에 있으면 시원
했던 기억이 납니다.

등나무와 같은 덩굴식물은 혼자서는 똑바로 서기 어렵
지만, 다른 식물이나 구조물에 자신을 감으며 높이 자랍
니다. 그 과정에서 서로를 지지하고 보호하는 아름다운

공생 관계를 형성하죠.

우리 사회도 이와 크게 다르지 않습니다. 타인의 지지가 없다면 아무리 뛰어난 개인이라도 한계가 있기 마련입니다. 덩굴식물은 우리에게 의존이 약한 일이 아니라 오히려 지혜로운 일임을 가르쳐 줍니다.

"난 네 도움 없이도 할 수 있어."

"내 문제에 끼어들지 마."

"너한테 의지하기 싫어."

의존을 우습게 보고 혼자 모든 걸 할 수 있다는 생각에 빠지면 어떤 일이든 오래 할 수 없습니다. 기댈 곳이 없다면 부담과 압박을 오롯이 혼자 느껴야 하기 때문이죠. 덩굴식물을 보고 있자면 서로의 강점을 활용해 함께 성장하는 것이 더 지혜로운 일임을 깨닫게 되는 것 같습니다.

저는 의존하는 것이 어려운 사람이었습니다. 어린 시절부터 왜 그렇게 모든 걸 혼자 해결하려고 했는지 모를 정도로요. 초등학교 6학년 때 제 친구 소영이가 사회 시험을 같이 준비하자고 했는데 저는 "나 혼자 할게"라고 말한 뒤 시험을 망쳤습니다. 소영이는 100점을 맞았고요. 덩굴이 아니라 선인장이었던 시절을 지냈던 것입니다.

의존의 지혜를 깨달아야 합니다. 때론 솔직하게 말해보세요. "네 도움이 필요해." 혼자 해결하기 어려운 상황이라면 "함께 해결하면 좋겠어"라고 제안하세요. 결과가 좋다면 감사의 말을 전하는 겁니다. "네가 있어서 든든해."

건강한 관계의 핵심은 서로를 돕는 상호 지지적 소통입니다. 덩굴식물이 서로를 감싸며 위로 자라듯 우리도 서로를 격려하고 지지하는 대화를 통해 함께 성장할 수 있습니다.

독일의 철학자 마르틴 부버는 '나-너(I-Thou)' 관계와 '나-그것(I-It)' 관계를 구분하며 진정한 대화의 중요성을 강조했습니다. '나-너' 관계에서는 상대방을 온전한 인격체로 대하며 서로를 이해하고 존중하는 소통이 이루어집니다. 이처럼 상대를 '너'로 대할 때, 우리는 덩굴식물처럼 서로에게 의지하고 함께 자랄 수 있습니다. 상대를 '그것'으로 대한다면? 차갑고 냉정한 관계의 단절만 있을 뿐입니다.

의존이 '홀로 서는 힘'을 무시하는 것은 아닙니다. 의존과 독립은 대립하는 개념이 아니라 성숙한 관계의 두 측면입니다. 덩굴식물이 자신의 성장 방식을 잃지 않으면서도 다른 존재에 의지하듯 우리도 자신의 정체성을 유지하면서 서로 도움을 주고받을 수 있습니다.

○

서로 감싸고 지지하며 자라는 덩굴식물처럼

솔직하게 도움을 청할 때

그 관계는 더 단단하고 높이 자랍니다.

오늘, 어떤 덩굴식물의 언어로

함께 성장하시겠어요?

○ **수민's 코멘트**

도움을 주는 건 괜찮은데 이상하게 도움을 받는 건 어색하다(아빠에게 용돈 받을 때 빼고는). 중학교 때 내가 부족했던 표현은 아무래도 도움이 필요할 때 의지하는 표현이었다.

"이 부분에서 네 도움이 정말 필요해."

"나 혼자 하기엔 벅차. 네가 함께 해 주면 괜찮을 거 같은데?"

특히 공부하는데 친구에게 이런 말을 용기 있게 했다면 지금보다 더 나은 결과를 가져오지 않았을까. 도움을 요청하는 것은 약함이 아니라 지혜다.

불사조 같은 우정,
세월을 단단하게 만드는 말

행운의 상징 35.

불사조

잿더미 속에서 다시 태어나는
신화 속 새

"오래갈 친구를 만드는 법"

가끔 초등학교 친구들이 보고 싶습니다. 오랜 시간이 흘렀지만 그 친구들만 만나면 마치 초등학교 하교 시간으로 돌아간 것 같습니다. 그래서 친구들을 만나면 늘 이런 얘기를 주고받습니다.

"몇 년 만에 다시 만났는데, 어제 만난 거 같아."
"어제 헤어진 것처럼 자연스럽지?"
"넌 시간이 흘러도 변한 게 없다."
"우린 늙어서도 그대로일 것 같아."

　여러분은 지금 옆에 있는 친구와 10년, 20년 뒤에 만나면 어떤 느낌을 받을 것 같나요? 오랜 시간이 흘러도 변치 않는 관계가 있습니다. 잿더미가 되어도 죽지 않고 다시 태어나는 불사조처럼 세월이 흘러도 여전한 우정은 귀하게만 느껴집니다.

불사조의 진정한 힘은 끝없는 재생이 아닌 '변치 않는 본질'에 있습니다. 오래전 초등학교 친구들을 만나도 변한 게 하나도 없다고 느끼는 것도 바로 이런 이유 때문입니다. 시간이 흘러도 변하지 않는 진심에 관계의 본질이 숨어 있습니다.

진정한 대화는 시간의 강을 건너는 다리와도 같습니다. 시간이 흘러도 단절되지 않는 대화의 힘은 관계를 더욱 견고하게 만듭니다. 오래된 친구에게 시간이 흘러도 "처음 만났을 때 그 마음 그대로야!"라고 말하는 것은 변하지 않는 진심을 전하는 방법입니다.

아직 잘 모르겠다면 다음 미션을 시도해 보세요.

1 오랫동안 연락하지 않았던 친했던 친구를 찾는다.
2 함께했던 추억을 되새기는 메시지를 보낸다.
3 친구의 반응을 살핀다. 특별한 회신이 아니더라도
  실망하지 않는다.

"우리 사이, 영원할 거야"라는 약속은 시간을 초월한 신뢰 표현입니다. "시간이 흐를수록 더 친해질 것 같아"라는 말은 관계에 대한 믿음을 보여 주는 표현입니다. 불멸의 관계를 만드는 것은 화려한 언어가 아니라 변하지 않는 진심에 있습니다.

진심이 시간을 이기는 관계를 만듭니다. 불사조는 불꽃 속에서 되살아납니다. 좋은 관계는 시련과 변화를 겪으며 더욱 단단해집니다. 어려움이 있어도 변함없는 신뢰만 있다면 관계는 오히려 더 탄탄해질 것입니다.

○
세월을 뛰어넘는 진심은
변치 않는 불사조 같은 인연을 만듭니다.
진심 어린 말 한마디가
불꽃 같은 관계를 만들어 준다면
오늘, 어떤 불사조의 언어로
우정을 만들어 보시겠어요?

○ **수민's 코멘트**

초등학교 때 정말 친했던 친구와 다른 중학교에 갔다. 그때부터 연락이 뜸해졌다. 먼저 연락하고 싶었지만 뭔가 어색했다. 어느 날 용기를 내 카톡을 보냈다. "안녕? 잘 지내? 요즘 어떻게 지내?" 친구의 답변은 금방 왔다. "응, 잘 지내. 너도 잘 지내지?" 하지만 더 할 말이 없어 대화는 금세 끝났고 아쉽게도 더는 연락이 없었다.

지금 생각하면 내 말은 너무 뻔한 인사였다. 지금이라면 그 친구와 함께했던 놀이공원에서의 추억이라도 말했을 텐데. "어제 우리 같이 갔던 롯데월드 사진을 보게 됐어. 그때 바이킹 타면서 같이 소리 질렀던 거 기억나?"

바람 부는 곳을 알리는 풍경처럼
경계를 설정하는 말

행운의 상징 36.

풍경

바람에 의해 자연스럽게 울리는 종

"각자의 영역을 존중하기"

풍경(風磬)은 처마 끝에 매달린 작은 종으로, 바람에 흔들리며 맑은 소리를 냅니다. 절에 가면 쉽게 찾아볼 수 있죠. 풍경 소리는 평화로운 분위기를 만듭니다.

풍경은 바람이 부는 공간을 알려 주는 일종의 알림 소리입니다. 바람이 불면 딸랑이는 소리가 나는데, 이 소리를 통해 물리적인 영역을 가늠할 수 있죠.

인간관계에서 서로의 영역을 지키는 일은 섬세함을 요합니다. 그렇지만 반드시 필요한 일이기도 합니다. 누군가 몰래 내 방에 들어오거나, 나의 미래를 마음대로 정해 버린다고 상상해 볼까요? 어딘가 불편한 마음이 들지는 않나요? 그래서 사람 사이에는 어느 정도의 경계가 필요합니다.

"이번에는 내 방식대로 해 보고 싶어."

"이 부분은 내가 맡을게. 다른 부분을 네가 해 줄래?"

"이것만큼은 내가 결정하고 싶어."

"서로의 공간을 존중했으면 해."

경계를 설정하면 내 삶의 주도권을 가져올 수 있습니다. 누군가 과도한 개입을 한다면, 독립적으로 행동하고 책임 영역을 명확히 하고 싶다는 의사를 전하는 것이 좋습니다.

반대로 내가 누군가의 심리적 영역을 함부로 침범하는 말을 하지는 않았는지 생각해 볼 필요도 있습니다.

"내 얘기는 듣지도 않네. 네 맘대로 해."

"내 말대로 하는 게 맞다니까?"

경계를 설정하는 것을 관계의 문을 닫는 것으로 생각하면 곤란합니다. 경계 설정이란 관계에 있어 열린 정도를 조절하는 것입니다. 바람의 세기에 따라 풍경 소리의 크기가 달라지듯, 사람 사이의 거리 또한 유연하게 조절

될 수 있습니다. 서로의 영역을 지켜 줄 때 건강한 관계가 지속됩니다.

풍경은 소리를 내다가도 바람이 멈추면 조용해집니다. 이처럼 우리의 경계 설정도 필요할 때만 표현되어야 합니다. 불필요한 갈등을 만들지 않는 지혜가 필요합니다.

"지금은 도울 수 없지만, 다른 방법으로 지원할게."

"이 문제는 내가 해결해야 하지만, 네 조언은 항상 고마워."

이런 표현들은 경계를 설정하면서도 관계를 유지하는 균형 잡힌 말입니다.

○

바람이 부는 곳을 알려 주는 풍경처럼

서로의 영역을 알려 줄 수 있다면

균형 있고 지속 가능한 관계가 됩니다.

오늘, 어떤 풍경의 언어로

서로의 경계를 표현하시겠어요?

○ **수민's 코멘트**

초등학교 때 옆자리 친구는 내 일기장에 관심이 많았다. 쉬는 시간마다 일기를 보여 달라고 했다. 처음엔 별생각 없이 안 된다고 했지만 부탁이 계속되자 짜증이 나서 화를 내고 말았다. "그만 좀 물어봐! 일기 보고 싶으면 네 일기나 봐!" 친구는 삐졌고 사이는 며칠 동안 어색했다.

내 말은 너무 공격적이었다. 지금 같은 상황이 온다면 이렇게 말할 것 같다. "일기는 혼자만의 시간을 쓴 거라서 보여 주기 어려워. 이해할 수 있지?" 물론 그때는 그렇게 말하기에는 너무 어렸다.

명징한 종소리처럼
울림을 주는 말

행운의 상징 37.

종소리

맑고 깨끗한 울림의 소리

"현명하고 지혜롭게 거절하기"

바바라 코코란은 미국의 성공한 부동산 사업가입니다. 그녀가 처음부터 부자였던 것은 아닙니다. 빈민촌에서 10남매 중 둘째로 태어나 20세가 되기 전에 이미 20개 직업을 전전하는 등 가난한 어린 시절을 보냈죠. 그러다 2001년, 뉴욕에서 매물이 가장 많은 '미국 부동산 업계의 여왕'으로 등극했고, 함께 일하는 직원은 850명이 넘었습니다.

　코코란은 미국의 성공한 기업가 중 거절을 가장 우아하고 멋지게 다루면서, 이를 두려워하지 않은 사람으로 유명합니다. 거절을 '게임의 일부'라 생각할 정도로 중요하게 여겼고 때로는 거절을 기회라 생각하기도 했습니다. 코코란이 성공한 사업가가 될 수 있었던 건 바로 필요한 순간 적절한 말로 거절하는 능력이 있었기 때문입니다. 그녀는 사업 초반에 수많은 거절을 경험했음에도 일을 포기하지 않았습니다. 그 덕분에 한 가지 지혜를 터득하게 되었죠.

"거절당한 후에 모든 좋은 일들이 일어났다. 나는 '안된다'를 넘어서는 힘을 알고 있다."

거절을 어려워하는 사람들이 있습니다. 거절당하는 아픔을 알기에 상대방에게 미안한 마음이 더 크게 느껴지기 때문입니다. 하지만 거절은 삶에 반드시 필요한 기술입니다. 스티브 잡스는 "거절해야만 정말 중요한 것들에 집중할 수 있다"라는 말을 남겼습니다. 나를 지키기 위해서, 나의 삶을 위해서 반드시 필요한 것이죠.

종소리를 머리에 떠올려 보세요. 맑은 종소리는 날카롭지 않고 깔끔하지만 깊은 울림이 있습니다. 거절은 이 종소리 같아야 합니다. 단호하되 상처를 주지 않는, 진심을 담은 거절의 기술을 배워야 합니다.

관계를 해치는 거절의 말이 있습니다.

"절대 안 돼."

"나도 바빠."

단호하다기보다는 퉁명스러움에 가깝고 심지어 짜증까지 느껴집니다. 현명한 거절은 조금 여유로워야 합니다. 이렇게 말이죠.

"지금은 어려울 것 같아."

"다른 방법을 찾아볼까?"

"네 부탁을 들어주고 싶지만 지금 내 상황이 좋지가 않네."

현명하게 거절하기 위해서는 여운을 남기는 것이 핵심입니다. 종이 울리고 난 후 그 울림이 공간에 남아 있듯, 진심을 담은 거절은 오히려 관계를 더 깊게 만들 수 있거든요. 거절할 수밖에 없는 나의 상황을 알리고 이해해 주면 좋겠다는 말을 덧붙이는 것입니다. 나의 취약함을 솔직하게 보여 주는 용기 있는 거절 표현입니다.

가장 효과적인 거절은 상대방의 자존감을 지켜 주는
거절이라는 말이 있습니다.

"네 부탁을 들어주지는 못하지만 너는 여전히 소중해."
"지금은 못 도와줘도 다음엔 꼭 내가 도울 수 있었으면
좋겠어."

이런 말은 거절임에도 불구하고 상대방을 존중하는 마
음을 느끼게 합니다.

○
맑고 깨끗한 종소리처럼
우리의 정직하고 투명한 거절이
상대방에게 상처가 아닌 이해를 남길 때
더 깊은 신뢰가 시작됩니다.
오늘, 어떤 종소리의 언어로
거절을 표현하시겠어요?

○ 수민's 코멘트

학교가 끝났는데 친구들이 영화를 보러 가자고 했다. 정말 가고 싶었지만 학원에 가야 했던 나는 급하게 답장했다. "못 가. 학원 가야 해. 다음에." 친구들은 "에이, 재미없어", "그냥 째" 같은 반응을 보였다. 기분이 좋지 않았다. 물론 친구들의 말은 아직도 서운하다. 하지만 나의 거절 역시 너무 건조했던 거 같다. 그때 이렇게 말했다면 어땠을까?

"진짜 가고 싶은데 오늘 학원 빠지면 안 되는 상황이야. 재미있게 보고 와!" 거절에도 현명한 방법이 있다.

수천만 세월을 품은 호박석처럼
추억이 되는 말

행운의 상징 38.
호박석

수백만 년의 시간을 간직한 보석

"과거를 소중히 간직하기"

호박석(Amber)은 수백만, 수천만 년 전 나무의 수액이 화석화되어 만들어진 보석입니다. 때로는 그 속에 과거 생물의 모습이 그대로 보존되어 있기도 하죠. 마치 시간이 멈춘 듯 과거의 한순간을 완벽하게 간직하고 있습니다.

　호박석은 시간의 아름다움을 담는 자연의 방식인 듯합니다. 실제로 발트해 연안에서 수천 년간 호박석을 수집해 온 문화권에서는 호박석을 '태양의 눈물'이라고 부르며 과거와 현재를 연결하는 매개체로 생각했습니다.

　우리는 과거와 현재를 이어 주는 매개체를 '추억'이라 부릅니다. 누군가와 나눴던 소중한 대화 또한 시간이 흘러도 그 가치를 잃지 않고 필요한 순간에 빛을 발하기도 합니다.

　헤어짐을 아쉽게 여기는 말을 했으면 합니다.

"그때의 순간이 나를 만들었어."

"네가 도와준 그때 기억이 지금도 나에게 힘이 돼."

"우리의 추억은 보물 같아."

시간을 간직하는 대화는 추억의 일부가 됩니다. 단, 기억하고 싶지 않은 장면은 추억이라 부르기 어렵습니다. 어쩌면 호박석이 아니라 블랙박스처럼 남게 될지도 모르죠.

호박석이 만들어지기 위해서는 수액이 적절한 환경에서 오랜 시간 동안 천천히 변화해야 합니다. 우리의 기억 또한 어느 정도의 시간이 흐른 뒤에야 추억이 됩니다. 당시에는 평범했던 순간이 시간이 지나자 더 소중하게 느껴지기도 합니다.

함께 쌓은 추억이 나와 친구의 관계를 지속시키는 힘이 된다면 좋겠습니다. 이를 위해서 일주일 동안 매일 한 가지씩 소중한 추억을 일기장이나 메모장에 기록해 보는 건 어떨까요? 지난 일들이 오늘의 여러분에게 어떤 의미가 있는지 함께 적어 보세요.

과거는 쉽게 버려지는 것이 아닙니다. 과거를 어떻게 해석하고 기억하느냐는 현재의 관계에도 큰 영향을 미칩니다. 과거의 대화와 경험을 어떻게 간직하고 의미를 부여하는지에 따라 지금의 관계, 더 나아가 나의 미래도 달라질 수 있습니다.

호박석이 지나간 시간을 간직하듯, 우리도 추억하는 행위를 통해 시간을 초월한 우정을 경험합니다.

"그때의 약속, 아직도 지키고 있어."
"우리의 첫 대화가 지금도 또렷이 기억나."

시간을 뛰어넘는 소중한 대화입니다.

o
수백만 년의 시간을 고스란히 간직한 호박석처럼
지난날의 소중한 추억과 대화는
세월이 흘러도 여전히 아름답습니다.
그 기억은 현재와 미래를 밝히는 보석이 됩니다.

오늘, 어떤 호박석의 언어로
추억을 간직하시겠어요?

○ 수민's 코멘트

친구들의 기념일 정도는 기억해야 한다. 기억력이 안 좋다면 핸드폰 캘린더에 저장이라도 해야 한다. 특별한 날을 기억한다면 친구와 더 가까워질 수 있으니까. 어떤 날들이 있을까? 생일? 그건 기본이다. 친구와 처음 같은 반이 된 날, 함께 방 탈출 카페에 처음 간 날, 친구가 나를 도와준 날 등도 저장하면 좋다. 그리고 1년 후에 "오늘이 작년에 우리가 처음 같은 반 된 날이야! 그동안 친구 해 줘서 고마워"라며 메시지를 보낸다면? 친구의 반응이 기대된다.

불안을 잠재워 줄
수호천사의 말

행운의 상징 39.

수호천사

보이지 않는 곳에서
보호하고 인도하는 존재

"든든한 내 편이 되어 주는 표현"

예상치 못한 상황에서 우리는 종종 당황하고 불안해합니다. 하지만 그 순간 누군가 나타나 상황을 함께 해결해 가자고 말해 준다면 어떨까요? 마치 하늘에서 내려온 수호천사처럼 든든함을 느낄 수 있을 것입니다.

수호천사는 보이지 않는 곳에서 묵묵히 우리를 지켜보며 보호해 주는 존재입니다. 누군가의 진정한 편이 되어 주는 것도 이와 비슷합니다. 큰 도움이 아니어도 그저 '함께' 하는 것만으로 큰 힘이 됩니다.

"나는 네 편이야."
"혼자가 아니야."
"무슨 일이 있어도 네 곁에 있을게."

이런 말들은 상황을 직접 해결하지는 못할지라도 상대

방에게 혼자가 아니라는 안정감을 줍니다. 때로는 이런 마음의 지지가 문제의 직접적인 해결책보다 더 큰 도움이 되기도 합니다.

다만 편이 되어 주는 것이 무조건적인 지지를 의미하지는 않습니다. 잘못한 일을 바로잡아 주는 것 또한 친구로서 해야 할 도리이니까요. 이때 "네가 틀렸어"라는 가시 돋친 말보다는 보다 부드러운 말을 건네길 권합니다.

"네 마음은 이해해. 하지만 너를 위해서라도 이번엔 다른 방법을 생각해 보자."

편이 되어 준다는 것은 그 사람의 가치를 인정하면서 더 나은 방향으로 나아갈 수 있도록 도와주는 것입니다. 학교에서 이런 상황은 언제든지 만날 수 있습니다. 친구가 다른 친구와 갈등이 있을 때 "나는 어떤 일이 있어도 네 편이야"라는 말 한마디는 그 친구에게 큰 위로가 될 것입니다. 상대방의 말을 듣고 감정을 공감하면서도 건설적인 방향을 제시할 줄 안다면 누군가의 수호천사 같은 사람이 되어 줄 수 있습니다.

가장 중요한 것은 일관성입니다. 좋을 때만 편이 되어 주는 게 아니라 힘들고 어려운 순간에도 변함없이 곁에 있어 주는 것이 진정한 친구입니다.

"다른 사람들이 뭐라고 해도 나는 널 믿어."
"실수해도 괜찮아. 나는 여전히 네 편이니까."

수호천사가 보이지 않는 곳에서 우리를 지켜 주듯, 상대방을 지지하는 말이 누군가에게 든든한 버팀목이 되어 준다는 것을 잊지 맙시다.

○
혼란을 겪는 이에게
"나는 당신의 편입니다"라는 말 한마디는
그 무엇과도 바꿀 수 없는 안정감을 줍니다.
오늘, 어떤 수호천사의 언어로
상대방을 위로해 보시겠어요?

○ 수민's 코멘트

중학교 2학년 때 반에서 따돌림을 당하는 친구가 있었다. 처음엔 어떻게 해야 할지 몰라서 그냥 모른 척했다. 그런데 그 친구가 혼자 울고 있는 모습을 보자 참을 수가 없었다. "괜찮아? 무슨 일 있었어?" 나의 물음에 친구는 말하기를 주저했지만 내가 "걱정 마. 내가 도와줄게. 혼자 견디지 말고 나한테 말해 봐"라고 말하자 친구는 자신의 이야기를 솔직히 털어놨다.

내가 큰 도움을 줄 수 있는 건 없었다. 친구의 말을 듣고 "말해 줘서 고마워. 무슨 일이 있어도 난 네 편이니까 걱정하지 마"라고 말해 줄 뿐이었다. 그 이후로 그 친구와 자주 이야기하는 모습을 보이자 다른 친구들도 그 친구에게 조금씩 마음을 열기 시작했다.

누군가의 편이 되어 준다는 말이 얼마나 큰 힘이 되는지 배운 소중한 경험이었다.

바다를 지키는 등대지기처럼
든든한 말

행운의 상징 40.

등대지기

폭풍 속에서도 변함없이
빛을 비추는 인간

"일관되고 따뜻한 조언의 힘"

인생의 폭풍우 속에서 방향을 잃었을 때, 변함없이 빛을 비춰 주는 사람이 있다면 얼마나 든든할까요? 현재는 GPS가 발달했지만 과거에는 등대를 지키는 등대지기 덕분에 밤에 배를 띄울 수 있었습니다. 이처럼 '늘 그곳에 있다'는 존재감은 위기 상황일수록 더 큰 힘이 되어 줍니다.

나도 누군가에게 등대지기 같은 사람이 될 수 있을까 생각해 봅니다. 등대지기는 거센 폭풍우를 잠재울 수는 없지만, 그 안에서 위치를 가늠하고 빠져나갈 수 있도록 빛을 비춰 주는 역할을 합니다. 마찬가지로 누군가에게 도움을 주고 싶다면 문제를 직접 해결해 주려는 시도보다는, 그 사람이 위기에서도 방향을 잃지 않도록 돕는 것에 중점을 두어야 합니다.

"한 걸음씩 나아가면 돼."

"이 상황에서 배울 점을 찾아보자."

"내가 지금 네 곁에 있어."

비즈니스 세계에서는 위기관리의 중요성을 강조하곤 합니다. 세상에서 가장 부자라고 말하는 워런 버핏은 "다른 사람들이 욕심을 낼 때 두려워하고, 다른 사람들이 두려워할 때 욕심을 내라"는 유명한 말을 남겼습니다. 이 말은 감정에 휘둘리지 않고 원칙에 따라 행동하라는 의미를 담고 있습니다.

등대지기는 어떤 상황이 닥쳐도 묵묵히 원칙을 지키며 자신의 임무를 수행합니다. 때로는 주변 사람과 의견이 다르더라도 옳다고 믿는 방향을 제시할 수 있는 용기가 필요합니다. 흔들리는 친구에게는 독립적인 판단을 지지하는 등대지기와 같은 말이 필요합니다. "지금은 주변 시선이 부담스럽겠지만, 네가 옳다고 믿는 방향으로 가 보자."

힘든 것이 어디 공부뿐일까요. 친구 관계, 부모님과의 관계처럼 삶에는 여러 걱정거리가 있습니다. 이때 필요한 건 정서적 안정감과 명확한 방향성입니다.

"이 상황이 언제까지 계속되지는 않을 거야."
"지금 당장은 힘들어도 하나씩 해결하다 보면 상황이
나아질 거야."

여러분의 말이 혼란을 겪는 이들에게 정서적인 안정감
을, 더 나아가 명확한 방향성까지 제시해 줄 수 있다면
좋겠습니다.

○
폭풍우 속에서도 흔들림 없이
빛을 비추는 등대지기처럼
일관되고 신뢰할 수 있는 조언은
혼란을 겪는 누군가가
안전하게 항해하는 힘을 줍니다.
오늘, 어떤 등대지기의 언어로
길을 밝히시겠어요?

○ 수민's 코멘트

평소 밝던 친구가 갑자기 우울해 보였다. 알고 보니 부모님이 이혼하신다고 했다. "우리 집, 엉망이야. 다 내 잘못 같아. 엄마 아빠가 나 때문에 스트레스를 받아서 그런 건 아닐까?" 당시에 초등학생이었던 나는 친구에게 해 줄 말이 없었다.

지금이라면 "이건 절대 네 잘못이 아니야. 지금 상황이 언제까지 계속되지는 않을 거야. 혹시 모르니 힘든 거 있으면 말해. 내가 할 수 있는 거 있으면 해 볼게"라고 말해 주었을 것이다.

행운을 부르는
말투 연습장

더 깊은 관계로 나아가고 싶었지만
그러지 못한 적이 있다면?

_____

_____

_____

_____

_____

그 사람에게 어떤 말을 건넸으면 좋았을까?

_____

_____

_____

_____

_____

반짝이는 시기를 지나는 10대를 위한 긍정의 말 습관

이렇게 말하면 행운이 올 거야

초판 1쇄 발행 2025년 8월 27일
초판 2쇄 발행 2025년 9월 25일

지은이 김범준, 김수민
펴낸이 이주화

기획편집 임지연
콘텐츠 개발팀 임지연, 여수진
콘텐츠 마케팅팀 안주희
디자인 이다오
일러스트 그림점빵 @grim.jp

펴낸곳 ㈜클랩북스 **출판등록** 2022년 5월 12일 제2022-000129호
주소 서울시 마포구 어울마당로3길 5, 201호
전화 02-332-5246 **팩스** 0504-255-5246
이메일 clab22@clabbooks.com
인스타그램 instagram.com/clabbooks
블로그 blog.naver.com/clabbooks
페이스북 facebook.com/clabbooks

ISBN 979-11-93941-41-6 (43190)

㈜클랩북스는 독자 여러분의 책에 관한 아이디어와 원고 투고를 기다리고 있습니다.
책 출간을 원하시는 분은 이메일 clab22@clabbooks.com으로 간단한 개요와 취지, 연락처 등을 보내주세요.
'지혜가 되는 이야기의 시작, 클랩북스'와 함께 꿈을 이루세요.